Congrats! (2023)

なにかひらめくとリビングのテーブルで創作活動に没頭するSaya。

「子供地球基金チャリティガラパーティー2022」のアンバサダーに就任し、パーティー会場で壁一面を覆うほどの大きな松の絵を披露。この絵はパーティー内のオークションにかけられ、なんと62万円で落札されました。ちなみにその金額はそのままチャリティの寄付金となりました。

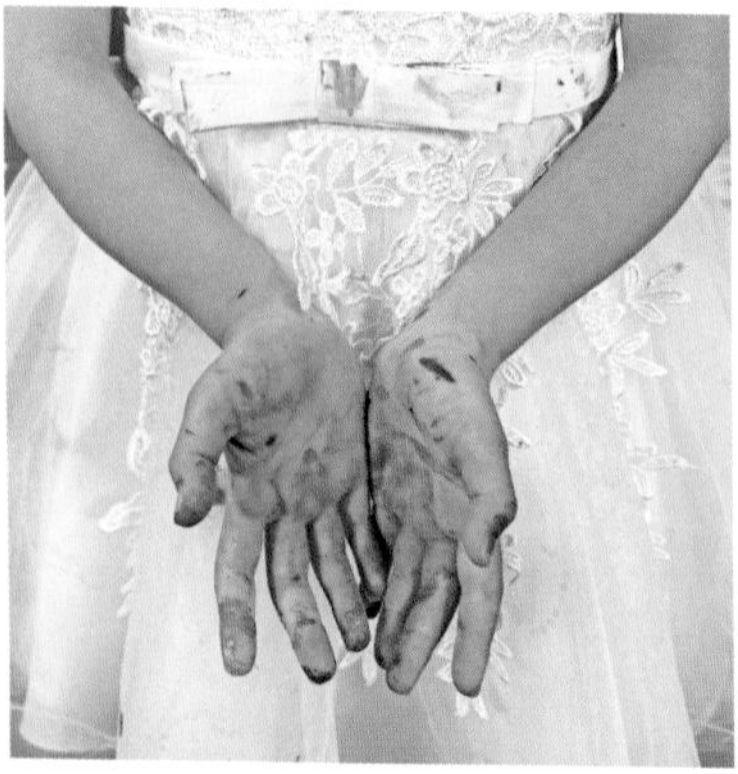

大きな松の絵を描いた後の手はこんな感じ。かわいい純白のドレスも絵の具で汚れましたが、そんなの気にしません。

Rainbow bouquet (2022)

Miss Blueberryが完成するまで

Miss Blueberry (2021)

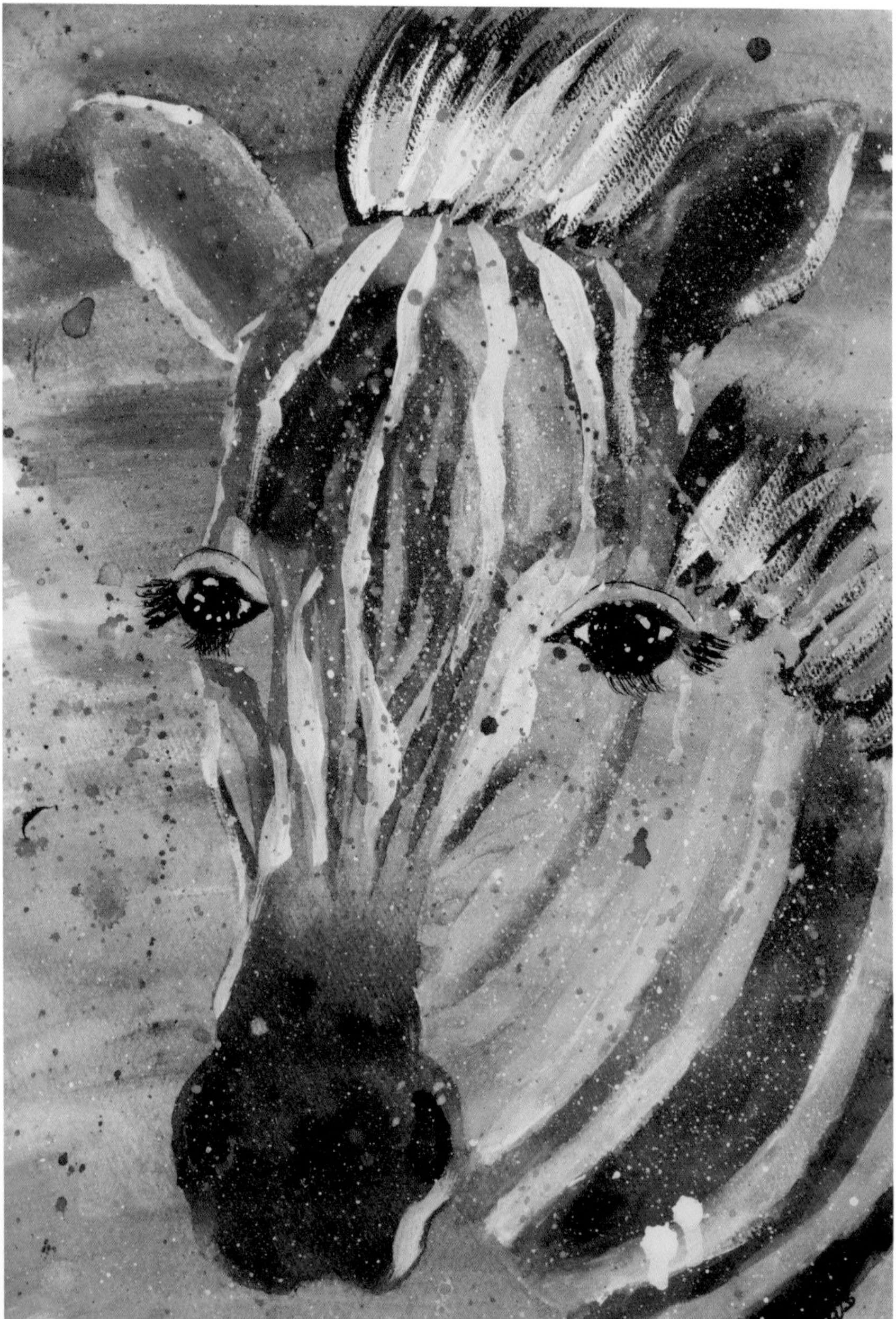

Rainy the zebra (2022)

大好きな街ロンドン(2022)

Ivy in fairyland (2023)

イギリスが教えてくれた

＼小さなサプライズが／
子どもの才能とやる気を引き出す

「ひとつのケーキ」と「アート思考」

はじめに

2020年10月、当時6歳だった娘Ｓａｙａの絵がロールス・ロイス社主催のコンペで世界80か国、５０００以上の作品の中から最優秀賞に選ばれました。ここから、Ｓａｙａの作品が多くのメディアに取り上げられ、注目を集めるようになりました。

母親である私は絵画とは全く無縁。文芸一家に生まれたため、文章に携わることはあっても、アートに触れる機会が特にあったわけでもないため、Ｓａｙａの絵の才能について取材されるたびに「私はなにも教えていないんです」と答え続けていました。なにせ私は芸術とはほど遠い理系のトレーダー。芸術的なテクニックなどについては語れません。

また、私の配信しているＳＮＳでは、私の画力について質問をよく受けることがあります。それはきっと、母親の私がアーティストだからその才能がＳａｙａの絵に引き継がれているのでは？　と憶測する人が多いからなのだと思います。

正直に申しまして、私の画力は壊滅的。手に負えない状況です。

犬を描いたつもりがフランスパンに間違われ、キャラクターなんてなにも描けません。帽子をかぶった人を描くと便器に見えるし、自転車の絵も子どもにそうとは認識されませんでした。小さいころから数学と物理の道に進むと決め、美術に関しては諦めていました。理系だからアートに興味がない、それは今考えるとナンセンスすぎる言い訳でした……。

本書ではアートの知識ゼロの理系の私が、娘の才能を引き出すためにやったことはなにかを正直に書きました。

ですが、私は教育者でもなければ、育児コンサルタントでもありません。そのため、「こうしましょう」「こうするべき」というようなメソッドを述べることはできません。それでも、日ごろ私が実践していることやイギリスで体感することで得た子育てについての考え方などをお伝えすることで、みなさんにとって少しでも役立つことがあればと思っています。

2020年3月29日、東京の桜は満開、その中で春の雪が降りました。

その光景があまりにもめずらしく、子どもたちと傘を片手に散歩に出かけました。

このころはイギリスから帰国して間もないときで、近くには友だちもいませんでした。当時未知の状態だった新型コロナウイルス感染症が蔓延しつつあり、散歩さえも恐る恐る。慣れない日本、慣れないマスク、せっかく1年生になるのに入学式は無期限に延期され、少し暗い雰囲気に包まれていた、そんな時期でした。

満開の桜を見上げると、曇り空から雪がどんどん降ってきて、まだ6歳になったばかりのSayaはうれしそうに雪を手に取りました。

家に帰り、画用紙を広げ、日が暮れるまでその光景を描き続けました。

紙いっぱいの桜のトンネル、ウサギと手をつないで歩く自分の後ろ姿、舞い落ちる真っ白で大粒の雪。その絵は私が感じていた暗い世の中の雰囲気とは全く違い、希望に満ちた桜色の美しい世界でした。

自分が大好きなウサギのぬいぐるみ、お気に入りの傘、イギリスから持ち帰ったユニコーンの長靴、三つ編み。スキップしているようにも見える娘自身の後ろ姿からは、シンプルにその日の天気を楽しんでいたことが伝わりました。

日本語に遅れがあっても、思いを伝えたい友人が近くにいなくても、絵の世界では存分に自分の感情を表せていたのだと思います（233ページ参照）。

私はその絵を何気なくインスタグラムに投稿しました。当時のフォロワー数はまだ3000人程度だったと思います。すると、「娘さんの目にはこの寒空がこんなふうに見えているんですね」「見ていると幸せになります」「癒やされます」といったコメントが次々に届きました。

友人や家族にも会えなくなり始めた２０２０年の春から、私はＳＮＳの世界でのつながりを楽しむようになりました。Ｓａｙａはすべての絵を我が家のリビングテーブルで描いているので、その様子を掃除や料理の合間に私が撮影して投稿できていたことも人気が出た理由のひとつだと思います。

ＳＮＳというと、危ない面が目立つことがあるのも事実です。しかし私が感じたインスタグラムの世界は優しさが連鎖していく笑顔の多いコミュニティです。

ひとりの少女が描いた絵がＳＮＳで大きく羽ばたき、テレビ取材を受けるようになり、ニュース番組にも出演、雑誌や新聞にも何度も載ることになりました。

そのたびにフォロワーさんが喜んでくださり、なかには涙してくださる方がいて、私がよく言う表現でたとえるならば、みんな「ほぼ叔母」認定（笑）です。そしてＳａｙａをいつも応援してくれて、新しい作品を心待ちにしてくれている子どもたちは、みんな「bestie（大親友）」です！

Ｓａｙａの絵が注目されるようになってから、「落ち込んだときに見ると元気が出る！」「孫が大ファンです」「幼稚園の子どもたちと動画を見ました」などたくさんのメッセージを頂戴するようになりました。

まっさらな画用紙から生まれる子どもの絵が、こんなにも多くの人に感動を与えることができたり、喜んでもらえたりすることがうれしかったです。

その後、Ｓａｙａは２０２０年に「子供地球基金」のアンバサダーとなり、提供したぬりえがチャリティプロジェクトになりました。多くの絵画コンクールにも入賞し、世界的なコンクールで最優秀賞にも輝きました。コンクールでの入賞はもちろん誇らしいですし、実力が認められたのはありがたいことです。

ですが、実は２０２２年は１回もコンクールに応募しませんでした。

理由は簡単、子ども向けのコンクールは原画が返却されないことがほとんどだからです。

私はＳａｙａの母親で、彼女の一番のファンです。だから少しだけわがままを言わせていただくと、どんなに輝かしい賞をいただくより、原画を額に入れ、リビングに飾り、家族でごはんを食べながら眺めたいのです。その画用紙に描かれた彼女の世界観を。6歳なら6歳なりの言葉を、8歳なら8歳なりのそのときの言葉をいつまでも聞いていていたいのです。

自ら応募はしませんでしたが、絵画コンクールの特別審査員は2度お引き受けしました。そのときの条件はただひとつ、原画を応募者の子どもたちにお返しすること。

Ｓａｙａの絵画は特別な画材は使っていません。

有名な絵画教室にも通っていません。

すべての絵は家で描いています。

私の美術の成績は5段階評価の2でした。

私はいつも仕事に忙しく、決して子育てに十分な時間を割いてきたとは言えません。出産の1週間前まで会社に行き、産後3か月で外資系投資銀行に仕事復帰。小学校受験の願書を書きながら起業、ふたりの子どもたちは0歳から保育園児でした。

家族はもちろん大事ですが、自分の時間や友人と出かける時間も大切です。完璧な茶碗蒸しも作れないですし、読み聞かせに力を入れたこともないです。縫い物や刺繍は苦手です。子どもたちの宿題や持ち物も確認しません。謙遜ではなく、日本の「いいお母さん像」からはほど遠いと思います。

ではその限られた時間の中で、私は母親としてなにをしたのでしょうか。

なぜＳａｙａはアーティストとして高く評価され、息子と共に今までの受験すべてで第一志望に合格することができたのでしょうか。

その答えがこの本のタイトル、『「ひとつのケーキ」と「アート思考」』にあると思います。

この本が少しでもみなさんの子育てや、日々の生活のお役に立てれば幸いです。肩の力を抜いて、まるで波に揺られるように、楽しみながらページをめくっていってくださいね。

それではBon Voyage!

２０２３年3月吉日

池澤　摩耶

< Sayaのアート経歴> 2023年3月現在（9歳）

・**「子供地球基金チャリティガラパーティー」登壇**
ライブペインティングにてオークション参加
62万円で落札される（2022年11月）

・**「第１回国際絵画コンテスト『わたしのSDGs』」**
特別賞審査員を務める（2022年7月）

・**阪急うめだ本店「こどもカレッジ絵画コンクール」**
特別審査員を務める（2022年7月）

・**「アニエスベー × TARAタラ号ポスターコンクール」**
2年連続入賞　優秀作品賞受賞
香川県粟島にてアニエスベー社の環境合宿に招待（2020、2022年度）

・**伊勢丹新宿本店にて絵画展示**（2021年11月）

・**「Rylee+Cru キッズおえかきコンテスト」最優秀賞受賞**
ナップサックのデザインに選ばれる（2021年7月）

・**ドイツ大使館絵画コンクール入賞**
2021年年間カレンダーに起用

・**阪急うめだ本店にて絵画展示**（2020年8月）

・**ロールス・ロイス社「世界ヤングデザイナーコンペティション」**
日本人最優秀賞受賞　世界大会最優秀賞受賞（2020年10月）

・**アイフルホーム「夢のおうちアートコンテスト」金賞**（2020年9月）

・**NPO法人　ハロードリーム実行委員会「『花と笑顔』こども絵画コンクール」**
2部門入賞（2020年8月）

・**NPO法人「子供地球基金 ぬりえチャリティ企画」にぬりえを提供**
世界中の子どもたちがぬりえをし、寄付につなげた（2020年3月）

・**テレビ取材**
フジテレビ系列「めざましテレビ」、フジテレビ系列「めざまし8」、日本テレビ系列「news every.」、テレビ朝日系列「羽鳥慎一モーニングショー」

・**雑誌取材**
講談社『FRIDAY』(2022年10月21日号）特集　「ネクスト・ジェネレーション・スター」、
朝日新聞出版『月刊ジュニアエラ』(2023年1月号）スーパーキッズ特集

・**Web及びその他、地方新聞サイト取材**
オリコンニュース、Yahoo!ニュース、CHANTO WEB、WEB Domani
他多数

目次

第2章 「想像力」と「集中力」はどう伸ばす？

第３章　可能性を引き出す扉はどこにある？

第5章 オリジナルワークでお絵かきの世界に飛び込もう！

【参考／紹介文献】

『かいじゅうたちのいるところ』（モーリス・センダック作／じんぐうてるお訳／冨山房）
『としょかんライオン』（ミシェル・ヌードセン作／ケビン・ホークス絵／福本友美子訳／岩崎書店）
『いろいろへんないろのはじまり』（アーノルド・ローベル作／まきたまつこ訳／冨山房）
『ふたりはともだち』（アーノルド・ローベル作／三木 卓訳／文化出版局）
『どろんここぶた』（アーノルド・ローベル作／岸田衿子訳／文化出版局）
『オズの魔法使い』（ライマン・フランク・ボーム原作／岸田衿子文／堀内誠一絵／偕成社）
『くまのパディントン』（マイケル・ボンド作／松岡享子訳／ペギー・フォートナム絵／福音館書店）
『ドリトル先生物語』（ヒュー・ロフティング作／井伏鱒二訳／岩波少年文庫）
『エルマーのぼうけん』（ルース・スタイルス・ガネット作／わたなべしげお訳／ルース・クリスマン・ガネット絵／福音館書店）
『ぼくを探しに』（シェル・シルヴァスタイン作／倉橋由美子訳／講談社）
『おちゃのじかんにきたとら』（ジュディス・カー作／晴海耕平訳／童話館出版）
『魔法のたいこと金の針』（茂市久美子作／こみねゆら絵／あかね書房）

序章

今、もし目の前にB４の画用紙とクレヨンがあったら、あなたは30分間集中して絵が描けますか？

お題は特になし。自由な発想で、好きに描いていいですよと言われて、描けますか？

・描きたいものを決めて、構図を決めて、描く順番を決めて……。
・クレヨンは消しゴムでは消せないからゆっくり、恐る恐る描き進める。
・頭の中では想像できている動物が、全く違う生き物になってしまう！
・背景って、えーっと、とりあえず地面と空で埋めればいいかな。

画用紙を埋め尽くすほどの大作を、自分が満足するように描き上げるのは想像以上に難しいはずです。

お絵かきは失敗と成功の繰り返し。挫折するほうが簡単です。気に入らなければ画用紙を丸めて捨てて、その下にはまた真っ白な画用紙。そんな白紙の上に次々と色を重ね、ゴールを思い浮かべながら、試行錯誤を繰り返す……。練習しても、プランニングしても、思い通りにならない。それがお絵かきです。

・この丸が歪んでしまったから、こうしよう。
・この色とこの色を混ぜたら変な色になった。ここからやり直そう。

自分の思考にどっぷり浸かって集中しないと、どこを向いても行き止まり。わずかB4サイズの画用紙一枚の上で、いくつにも枝分かれする選択肢と決断。あきらめたくなる気持ち、投げ出したくなる気持ちと戦う自分。理想に近づきたいのに、どんどん遠ざかるもどかしさ。深呼吸をして、少し離れて遠くから見て、またクレヨンで色を付け足してみる……。お絵かきが得意でも、苦手でも（私です）、もしその過程を楽しむことができたなら、それはすごいことです。

娘のＳａｙａはこの作業をすごく簡単にこなします。筆を手に取り、迷う瞬間が少ない。というか、修正や切り替えがとても早いと思います。私から見たら失敗に見えてしまうようなことも、彼女にとっては新たな道筋であり、そこから次々に方向を変えながら筆を走らせます。すべての絵を家で描いている彼女には、マニュアル通りの細かなテクニックはありません。

ではなぜ作品が高く評価されるのか。

それは「絵が上手い」からではなく、頭の中の想像力の引き出しがとても多いから。

そのときの感情によって開けたり閉めたり、引き出しの中身が6歳ならではのものだったり……。まるで絵本のページをめくるように、画用紙上の線やさまざまな色たちと共に想像の世界を旅しながら描き、記していきます。そんな彼女の世界観を表現したものが一枚の絵となるのです。

絵の中を旅することはＳａｙａだからこそできるというものではありません。子どもの想像力の引き出しを開けてあげれば、その子なりの想像の世界が出来上がります。そこには、夢や想像、感じたことなどがしっかり表現されています。

子どもの絵はまるで字のない作文のようなものです。

この本を書いている母である私は、前述のように理系です。数学と物理が大好きで、大学でも数学を専攻しました。卒業後は外資系投資銀行で国債のトレーディングという仕事をしていました。そして、娘が絵を描く様子を見ながら実は気づいたことがあります。

それは、お絵かきと数学、起業やビジネスを切り開く力は、とても似ているということ。きっと理系の私にもアート思考は浸透していて、だからこそ数学や起業がまるでロールプレイングゲームのように楽しめているのだと思います。

例えば、理系の世界はすべてがトライアル＆エラーの連続。数学も物理も、そうやって問題を解いていき、壁にぶつかることに慣れる分野です。プログラミングだって、登山だって、起業をするのだって同じこと。一流のシェフや、作曲家、きっと作家や将棋の棋士にもこのアート思考が根づいているのではないでしょうか。

ここで、忘れもしない私が大学4年生だったときの数学の試験の話をしましょう。
渡されたテスト用紙6枚にあったのはたった4行のみの問題でした。残りはすべて空白のコピー用紙、その数式からどの道をどう通って、どこまで正解に近づけるかをひたすら解き続けることが試験でした。ボールペンで解答を書いていくので、どの段階も消しゴムで消すことはできません。思考回路の分かれ道もすべて残したままにしておきます。

その6枚の白紙いっぱいに私が書いた数字は、確かに数式であり、記号の羅列でした。でも少し見方を変えると、子どものお絵かきにすごく似ている部分がありました。
なにもない紙の上で、自分が持っている全部の引き出しを開け続け、考え方や想像力を存分に働かせて、正解のない迷路を歩き続ける、そんな感じです。

そしてその正解のなさが心地よく、行き止まりに心が躍り、新しい道を見つけることに喜びを覚えるその過程は、まさにＳａｙａのお絵かきと一緒。

ちなみにそのときの問題を解けた人はまだ世界にはひとりもいません。これから解く人もいません。なぜなら、その問題は正解を答えるためのものではなく、解答者がどのようなアプローチをして、自分なりの答えを作り出していくかという思考力を問うものだからです。

子どもの計算ドリルの後ろには必ず答えのページがあり、答え合わせをして点数を出します。でも計算と数学は全くの別物。計算がいくら速くても、数学が得意になるとは思えません。計算は訓練によって培われるテクニック、数学は論理的思考力です。お絵かきや、工作も同じことだと思うのです。

白紙からどこまで想像力で自分ワールドを開けるか。どこまで自分を表現し、字を書くことなくストーリーを綴れるのか。その過程を苦しいと思わず、楽しむことができるのか。日々それの繰り返し、そしてそれが一生の力となるアート思考になります。

突然ですが、ＶＵＣＡという言葉を耳にしたことがありますか？

V（Volatility：変動性、不安定さ）
U（Uncertainty：不確実性）
C（Complexity：複雑性）
A（Ambiguity：曖昧性、不明確さ）

簡単に言うと「先行きが不透明で、将来の予測が困難な」世の中のことを指します。これからは今まで以上に想定外のことが次々と起こる時代となります。不安定な世界情勢、あっという間に広まる新種のウイルス、異常気象に、いつの間にか当たり前になりつつあるバーチャルな世界。まさに、「先行きが不透明で、将来の予測が困難な」状態。同時に、大人にとっては不透明でも、子どもにとっては憧れと希望に満ちた未来が待っています。

その不透明な未来をどうやったら楽しめるのでしょうか。

・お手本通りの完璧な演奏をし、
・鏡に映る姿を見ながら全員で一糸乱れぬ動きを練習し、
・正解、不正解が繰り返される計算問題を何百問も解き続ける。

相対評価の世界では、いつも隣と比べられて成績がついてしまいます。

まるでコンピューターのように、速く正しい答えを出すことだけがいいと教えられた子どもたちが、将来どのようにイノベーションを起こし、世界のリーダーとなるのでしょうか。それよりも自分で考え、形にし、時間をかけて達成感を味わう。その過程を楽しむことが大切です。


戦後の経済成長の要因はもちろん日本人が得意とする忍耐、努力、調和にあったとは思いますが、これからのＶＵＣＡ時代に、もうお手本は存在しないのです。

では訓練や繰り返しの練習だけではどうにもならない予測不能なこの時代、ＡＩに勝つために今の子どもたちに必要な力はなんでしょうか。ＶＵＣＡな状況でも楽しく強く歩み続けるには、どうしたらいいのでしょう。

もしその解決策のひとつがアート思考だとしたら?

そのたったひとつの思考で、子どもがＶＵＣＡ時代を楽しみ、活躍することができるのなら?

そこには正解はないし、教科書もありません。でもそう仮定して考えてみることに損はありません。20年後、30年後の子どもたちが世界でしっかりと自己主張できるよう、本当に必要なものはなんなのか考えてみませんか?

少し話が逸れますが、実は一度だけＳａｙａを絵画教室の体験授業に連れて行ったことがあります。6歳のころでした。とにかく家でたくさん絵を描くので、絵画教室でも楽しめると思っていたのです。

1時間半の体験授業で描いたのは完璧な技術が詰まった、見事なハリネズミの絵!ハリの1本1本が立体的に見え、目はクリッとかわいく、構図も背景も素晴らしい作品でした。色のコントラスト、構図、芝生が風に揺れている感じ、6歳児が描いたとは思えないほど。ただ、気がつくと、隣にいた別の子も、その隣の子も、みんな同じハリネズミの絵を描いていたのです(笑)。

なぜなら、そこには「お手本」があったから。

帰り道で「今日の教室はどうだった?」と私が尋ねると、「私はあの絵を描いてない。先生が描いたようなものだよ」という答えが返ってきました。そう話す娘の顔は曇っていて、完璧なハリネズミの絵はそれ以来どこかにしまわれたまま。愛着が湧くことも、ストーリーもない、ただの絵になってしまいました……。

そのとき出来上がった作品が大人には感動的に見えたとしても、その過程を子どもが誇らしく思えないのなら、意味がありません。

自分で工夫して、ああでもない、こうでもない、とこだわりを持って作るものには心が宿るし、愛着も湧く。お手本通りの作品よりは、砂場で何度も水と砂を混ぜて硬くした泥だんごのほうがずっと価値があります！「ねえ見て！この泥だんご、すごく丸くて絶対に壊れないんだよ!!」と誇らしげに見せるあの顔のほうが、ずっと生き生きとしていると私は感じています。

私自身は22歳まで海外に住んでおり、今も両親はアメリカ在住。外資系投資銀行で働き、2016年に渡英しました。そのため、イギリスでの子育ても含め、さまざまな教育を経験してきました。

日本のいいところ、海外のいいところ、それぞれたくさんあります!

受験大国である日本の教育はまだまだ暗記がメイン。「アート思考」「自由な教育」「固定観念にとらわれない世界」とは正反対だと思われがちです。ですが、小学校受験だけは絶対評価の受験だと思います。中学校、高校、大学の受験では見られない選考基準があり、その世界が実に興味深くおもしろいと思いました。

例えば、なぜ月は満ち欠けをするのか子どもに聞いたとします。

月の満ち欠けは月と地球、太陽の位置が変わることで起きます。どの面が太陽に照らされているかによって、地球から見える形が違う。そんなことはグーグルで検索すれば5秒でわかること。

ではもし子どもが「ネズミのチェダー君が、大きなチーズと思って食べちゃったのかな?」と答えたらどうでしょう?

夜の海を照らす月の光が、まるでチーズのかけらのように見えたのかもしれません。月に映る影が、ネズミに見えたのかもしれません。

中学受験や高校受験でこの問いが出たとして、「ネズミのチェダー君が月をチーズと間違えて食べたから」と書けば間違いなく0点。でも小学校受験なら、この答えが満点になり得るのです。私はそんな小学受験が素敵だと思ったし、そんな問題を作る先生方に子どもを預けたいと思いました。

海外育ち、実家はアメリカ、外資系企業でしか働いたことがない理系の私が、子どもたちを日本で育てている理由はなんでしょうか。

それは、日本の教育の素晴らしさとポテンシャルを知っているからです。そして日本の教育にもっとアート思考やリベラルアーツ精神を取り入れることができるのなら、これからの正解がない世界を生き抜く力になるのかもと思っているからです。

その力をつけるために最適なのが、手軽におうちでできるお絵かきだと思います。そしてこのお絵かきがアート思考を育んでいく上で、誰でも気軽に楽しみながらできることではないかと感じています。

私たち親ができることは、優秀な先生を見つけることではありません。道具を準備することと、気長に待つこと、「ひとつのケーキ」を買うこと。そして驚いてあげること、できた作品を額に入れて目立つところに飾る（おうちを美術館にする）ことです。出来上がったときの格別の達成感や、大好きな人に認められるうれしさを子どもに知ってもらうことこそが大切なのです。


もうひとつ、我が家の大きな軸となっているのが読書です。

息子も娘も、たくさん本を読みます！　いくら整理しても家には常に500冊ほどの本があります。特に娘は毎日2時間超、どんな隙間時間にもページを開く、絵に描いたような「本の虫」。

ただ、本を読めば頭が良くなるのか？　というと、そんなことはありません。集中力があり、話を読み進められるだけの記憶力と、読解力さえあれば誰でも自分の言語の本は読めます。

ではなぜ今の子どもたちは（大人たちも）昔ほど活字を読まないのでしょう。

「どうやったら子どもが本を読むようになりますか？」

これも私のインスタグラムのフォロワーさんからとてもよく聞かれる質問です。

多くの方は子どもに本を読ませることを難しいと考えているようですが、そのコツはとても簡単だったりします。この後の章でその点もしっかり書いていますので、真似してみてください。

さあ、いよいよ次の章から私が実感している子どものアート思考の大切さ、そして、海外で体感したことや実践している子どもたちとの接し方について、詳細を紹介していきます。

・デザイン／松浦周作（mashroom design）
・撮影／田辺エリ
・DTP／国重 修
・校正／文字工房燦光、鷗来堂
・編集協力／久島玲子
・編集／根岸亜紀子（KADOKAWA）

CHAPTER.1

第1章

子どもだけの世界をのぞいてみよう

才能を開花させたのは、先生の小さなひと言

2歳からでも自主性を重んじるイギリス式カリキュラム

よく、Ｓａｙａの絵を見た方から「色使いが素晴らしいね。どうやって身につけたの？」「どうしたらこんな絵を描ける子に育つの？」と聞かれることがあります。

前述したように家系に画家はいませんし、理系の道を進み続けた私の画力は平均以下です。私は、娘の色彩感覚の原点はイギリスでの暮らしや学校生活にあったと感じています。

Ｓａｙａがイギリスで暮らし始めたのは2歳のとき。子どもにとって多感な時期で、脳はまるでスポンジ状態。見るもの触れるものすべてから刺激を受け、なんでも吸収

する年ごろでした。ロンドンでは日本の幼稚園にあたるナーサリーに通い始めましたが、すぐにお友だちを作り環境に慣れました。ナーサリーの園長先生はいつも鮮やかな色のワンピースにきれいなパンプスをはいていて、身のこなしも優雅でした。

英語のアクセントで出身地がわかるといわれるイギリスですが、先生方はいわゆるクイーンズ・イングリッシュ。教養のある話し方をされていました。園長先生も他の先生方も子どもへの話し方がすごくていねい。赤ちゃん言葉や幼児語で話しかけることはなく、大人と同じように接していました。相手がたとえどんなに小さな子どもであっても、ひとりの立派な人間として接するやり方は、子どもの自主性を養い、自立をうながすことにもつながっていたと思います。

これはＳａｙａが入園するまで知らなかったことですが、このナーサリーはかつてダイアナ元妃が幼いウィリアム王子とハリー王子を通わせていた由緒ある園でした。ふたりの王子にも、２歳のころから紳士としての教育が始まっていたのかもしれませんね。

ナーサリーではいろいろなことを体験させてくれましたが、なかでも思い出に残っているのは、キャサリン妃ご懐妊のニュースがイギリス全土を沸かせた日のこと。3歳クラス全員で生まれてくる赤ちゃんの名前当てをし、子どもたちが考えた名前を手紙に書いて、バッキンガム宮殿へ送るというイベントがありました。そのとき候補に挙がった名前は、ストロベリー、ユニコーンなどユニークなものばかり。時事ニュースを取り入れつつ、子どもたちが参加できる楽しいカリキュラムでした。ちなみに数か月後、バッキンガム宮殿からちゃんとお礼のお手紙が返ってきました。

また、日本ではよくある、何週間もかけて先生が指導しながら劇や歌を練習し、多くの人の前で発表する「お遊戯会」のようなものがイギリスにはありませんでした。といっても、みんなで一緒に劇や歌をやらないわけではありません。特に劇はナーサリーでも人気のプログラムで、とても熱心に取り組みます。ただ、そのやり方が日本とは少し違っていました。すでにある脚本を使うのではなく、「この物語の続きを作ってみよう」「この絵からお話を作ってみよう」というところから始まります。誰がなにをやるのかは、やりたい人が手を挙げて挑戦します。セリフも衣装も子どもたちが自分で作っていて、先生はあまりお手伝いしていなかったと思います。出来上がったものはかなり個性的なものばかり。でも衝撃的におもしろかったです。

そして、12月には必ずクリスマスコンサートが催されます。ピアノは先生が弾き、その先生の目の前には自ら役を買って出た3歳の小さな指揮者！　当然、指揮と歌が全然合わないのですが、子どももそれを見ている親や先生たちもみんな楽しそう。

劇も歌も、やりたい人がやりたい役を自由にやっているからなのでしょうね。娘はなぜか火星の役に立候補をし、火星の気持ちになって、火星っぽい衣装を作っていました。火星のセリフを考えて熱演するって相当ユニークですよね！

子どもの年齢がまだ小さいと、つい、大人が指導しなければと思ってしまいがちですが、その気持ちをぐっと抑え、2歳、3歳でもあえて子どもたちにイニシアティブを託し、自分たちなりに考えたり、話し合ったり、ぶつかったりという経験をさせることで、創造性や協調性、自己主張などいろいろなことを学ぶのだと思います。

もちろんイギリスの子育てにおいても、子どもたちの安全には配慮していますし、危険があるときはしっかりと注意もします。けれども、親や先生など大人は子どもがやりたいことを止めません。できる限り「見守る」というのが基本的な考え方でした。

例えば娘が虹の絵を描きたいと先生に伝えると、先生は小さなテーブルの裏側に画用紙を貼り付けました。子どもたちはテーブルの下で仰向けになり、空を見上げるように絵を描き始めたのです！　園内は土足、目にはクレヨンの粉が少し入ったりもします。これが家だったら止めてしまうような斬新なアイデアでした。

きっかけは先生からの「絵の具を買ってみたら？」

ナーサリーの先生は、とてもよく子どもたちを見てくれました。日々の連絡帳はありませんでしたが、登下校のときには、その日の様子をしっかりと話してくれますし、学期の終わりには先生が書いた分厚いレポートが渡されます。そこには子どもの長けているところや、字はこれくらい書けるからこのクラスに入っているなど、それはもう細かく書かれていました。しかも直すべき点はほとんど指摘されていないのです。親はつい子どものできないところ、他の子と比べて遅れているところなど、マイナスな部分を気にしてしまいがちです。ですが先生は、プラスの面を見つけて伝えてくれるのです。

そんななか、ある日、ナーサリーの先生がＳａｙａの最大の長所を見つけて私に教えてくれました。

「もしかしたらＳａｙａには絵の才能があるかも。絵の具を買ってみたらどう？」

と。

その言葉を聞いた私は小さな娘の手を引いて、早速4ポンド（当時約６００円相当）の絵の具セットを買いに行きました。もしかしたら、この日が娘がアーティストとして羽ばたき始めたスタート地点だったのかもしれません。

イギリスで子どもに大人気の意外な習い事とは？

イギリスには日本のようなお受験のためのお教室や学習塾はありません。その代わりに子どもたちの多くが芸術系の習い事に通っていました。特に人気があったのがドラマ、演劇です。ナーサリーで劇をやったときと同じように、子どもたちは自分でセリフや演出も考えます。1時間かけて作った劇を、迎えに来た保護者たちの前で発表します。短時間でセリフを覚え、恥ずかしくてもしっかり前に立ち、大きな声で堂々と、身振り手振りをつけて、表情まで工夫します。

この習い事で身につくのは演劇のテクニックではなく、自己表現です。ライオン役ならどこまでもライオンになりきって、ダンサー役なら間違えてもそれらしく自信を持って踊ればいいのです。ドラマのレッスンでは子どもたちの表現すべてが正解でした。練習の成果をしっかり発表できる場を作ることで、子どもたちの想像力や達成感を養っていくのです。そこに上手いも下手も関係ありません。

また、バレエも人気の習い事のひとつでした。ただ、日本のバレエスクールとは違い、ピアノのある教会の一室で、ピアニストが奏でる演奏を聴きながら、その音に合わせて体を動かすことからレッスンが始まります。

その音楽がどう聞こえるかを輪になって話してから、ときには蝶々のように優しく舞い、ときにはドスンドスンと足を踏み鳴らし、怒っているハートの女王を演じました。そもそも教室には鏡がありませんでした。鏡に映る自分の姿を見てお手本のポーズを練習するというものではないのです。

「この音楽はどういうイメージだと思う？　何色に聞こえる？　どんな気持ちで動いたらいいかな」と先生が尋ね、子どもたちは自分で考えてどう動くのかを自由に決めていきます。このやり方は、なにより楽しい。

こうしたレッスンによって子どもたちは想像すること、考えること、芸術を身近に感じて体を動かすことができるようになっていました。そしてこのバレエ教室からは立派なバレエダンサーが多く誕生していました。

こんなに違う、イギリスと日本の運動会

日本の「運動会」のここがスゴい！

子ども一人ひとりのやりたい気持ち、自主性を重んじることの大切さはわかっていても、それでは最低限の「協調性や集団行動が身につかないのでは？」と心配になったこともありました。

イギリスの小学校は、科目ごとに教える先生が違います。教科によっては習熟度別で教室が分かれているので、子どもたちは時間割を見ながら、教室を移動します。いつも同じクラスメイトと授業を受けるわけではありません。食事もカフェテリアで食

べます。ホームルームはありますが、クラス全員でなにかに取り組む機会が日本より少ないのです。

そのため、運動会も日本とは全然雰囲気が違います。マスゲームや組体操などの美しく調和の取れた団体競技はないですし、そもそも運動会に向けた練習というものがほとんどありません。子どもたちの競技は、幅跳びやただ走るだけのかけっこなどシンプルなものがメインになります。しかも順番をつけないので、誰が何位なのかもわかりません。悔し泣きも、感動もなく、その名の通りただの〝Sports day〟です。個人的には少し物足りない気がして、日本の熱い応援が飛び交う運動会が恋しくなったこともありました。

その後、帰国してインターナショナルスクールではなく日本の小学校を選んだ理由はここにあるかもしれません。先生も児童も親も一致団結、優勝というひとつの目標に向かって練習し、その日を待ち遠しく思い、全力を出しきる！　あの日本の小学校の運動会を体験させてあげたかったのです。

多国籍文化で加速する「ダイバーシティ」

イギリスでは「みんなで一緒に」よりも、「自主性」や「個人」を尊重する欧米的な考え方があります。だからこそ「ダイバーシティ」が日常の一部として根づいているのだと思います。

移民の多さはもちろん、LGBTQ＋も子どもたちにとって身近な存在です。ナーサリーのクラスでは、イギリス人は半分くらい。あとはフランス人、アラブ人など違う国籍、違う肌の色、違う目の色の子どもたちが集まっていました。Sayaはクラスで唯一のアジア人でした。

言語も2か国語、3か国語を話す親が多く、子どもたちは肌や髪の色、言葉、しつけや生活習慣、味覚など、あらゆるところにさまざまな違いがあるのだということを自然に学びながら育ちます。ですから私たちがアジア人、日本人として特に目立つことはなく、差別を受けたり、嫌な思いをしたりするということも一切ありませんでした。むしろお友だちがＳａｙａの黒い髪、黒い瞳を「きれいだね」と褒めてくれる。その感覚は素敵だと思いました。

多様性は国籍だけではありません。保護者会は両親そろって行くのが習慣でしたが、そのパートナーも男女の組み合わせだけでなく、両方男性、両方女性という家庭もありました。ナーサリーや小学校では、そういう家庭も多様性という観点から一定の割合で優先的に受け入れていたと思います。

「男の子だから」「女の子だから」という意識は薄く、小学校の制服でも男子がスカート、女子がズボンでも大丈夫。逆に、それをさげすんだ場合は親子共に厳重注意を受けます。

カミングアウトも早くて「僕、ゲイなんだよね」という子が5年生くらいから出てきます。イギリスでは、一人ひとりの個性やその子らしさを大切にするマインドが、本当に小さいころから自然と身についていました。

その子だけが持つメガネから世界をのぞいてみて

肌も瞳も髪の色もひとつじゃない！

欧米が多様性を受け入れている社会だということは、いろいろな場面で感じていましたが、「COLORS OF THE WORLD」という肌の色だけをセットにしたクレヨンを見つけたときは驚きました。これは決して特別なものではなく、Crayola社というアメリカの大手文具メーカーの製品で、スーパーなどにもよく置いてありました。これは、いろいろな人たちの肌の色に近い白系、ピンク系、茶系、黒系などの色を集めたものですが、このクレヨンがあっても、クラス全員の肌は描き分けられません。24色ではぴったり合う肌の色が表現できず、36色あるとなんとなく近い色で描くことができるのだそうです。

肌の色だけではなく、髪の色も目の色も一人ひとり違います。なかにはオッドアイ（両方の瞳の色が違う）の子がいたり、姉妹でも髪の毛がひとりはブロンドのストレート、ひとりはこげ茶でふわふわだったり。誰もがその違いを自分のアイデンティティや誇りにすることができる社会って、素敵じゃないでしょうか。だから娘も自分の真っ黒でまっすぐな髪の毛と、すぐに日焼けする肌、黒い目が大好きになりました。

日本でも最近はクレヨンや色鉛筆に「肌色」という色名は使わなくなっています。「ペールオレンジ」とか「うすだいだい」といった名前に変わっています。ただ名前が変わっても、子どもたちが肌の色を塗るときに、ひとつの色だけを使っていては色名を変えた意味がないように思います。

Ｓａｙａは今でも絵の具で人の顔を描くことにとても苦労しています。６歳のときには、青も含めた４色を混ぜて、１時間以上かけて肌の色を作り出していました。それくらい私たちの肌色は複雑で奥深く、個性に溢れたオリジナル色なのです！

日本とは違う？　心が躍る色彩感覚

「Ｓａｙａちゃんの色彩感覚はすごいね」と言われることがあります。確かにとても独特で、この本の表紙のようにキリンをいろいろな青色を使って描きましたし、ナーサリーのときに鏡を見ながら描いた自画像の肌は鮮やかなエメラルドグリーン、髪はレモン色でした。そんな独特の色彩感覚が身についた理由はいろいろあると思っていますが、そのひとつの要因は、２歳からさまざまな国籍の子どもたちと一緒に遊んできたことで、人の肌はうすだいだい色、キリンは黄色と茶色の模様、というような固定観念や先入観がとても少ないからかもしれません。

日本に戻ってきても、その感覚は変わっていません。２年生のときの学校の図工の授業で、テーブルの上にのったカボチャとリンゴとサツマイモを見ながら描いたことがありました。実物が目の前にあるので、それを見たまま描くのですが、描き上がったカボチャはレインボーカラー！　しかも先生はその絵に大きなはなまるを描き、王冠までかぶせてくれて、教室に飾ってくれたのです。

イギリスにいたころから今まで、Ｓａｙａの周りにいる大人も子どもも、ありがたいことに彼女の絵を否定しませんでした。現実とかけ離れた色合いの絵を見て「それは変だ」「違うよ」ではなくて、「素敵だね」「すごいね」と認めてくれました。「カボチャはオレンジ、リンゴは赤」というように、大人の固定観念や既成概念を植え付けようとする人はいませんでした。それはとてもラッキーなことでした。先生方にはとても恵まれたと思っています。

太陽や空、草や花の色に「これでなければいけない」という決まりはないと思います。太陽を描くとき、画用紙の隅に丸を描いていませんか?

子どもが感じるお日さまはもっと漠然と明るく、暖かく、形などない光の膜なのかもしれません。だからそうやって子どもが感じる太陽を丸で描かなくても、もわっとピンクで表現しても、それがその子の太陽なのです。

子どもが絵を描き始めたら、なにも言わずにそっと見守りながら、その時間を楽しんでみてください。今、その年齢にしか感じられない太陽、色、温度感、空気感がきっとあります。

人の顔が緑でも、空の色がピンクでも、ライオンがブルーでも素敵！　子どもは認めてもらうこと、これでいいんだ、と言ってもらえることで自信をつけ、次に進んでいくことができるのではないかと思います。

そして、それがその子だけの世界を映し出す、世界でひとつのメガネです。そんな今だけの子どものメガネを大切にしてください。

さあ、なに博士になる？　マニアックを楽しもう

子どもの得意なこと、興味を持っていることを伸ばしてあげたい。これは誰もが思うことだと思います。イギリスでも、自分の興味のあることや疑問に思ったことをじっくりとよく考える、そんな探究心を持つことが良しとされていました。

Ｓａｙａが一番興味を持ったのは「色」。「なにが一番得意？」と尋ねたら、おそらく青い色の数をたくさん言えること。「青の色だけで60色あるんだよ。コバルトブルー、ペルシャブルー、ウィンザーブルー、ウルトラマリンも。全部名前が言えるし、それがどんな色なのか見分けられるよ。青い色なら誰にも負けない！」と、語り出すと思います。青の中にもいろいろな青があって、全部が違う青に見えているのだと思います。もちろんその青たちがパレットの上で混ざり出したらまた新しい色の誕生です。キリンのブルーベリーの絵も、何十色というさまざまな青を使っています。なかでも好きなのは暗い青。Ｓａｙａは暗い青色の博士で、「暗い青色を知っているナンバーワンなんだ」と自慢しています。

変わっているといえば変わっています。「青い色のオタク」ですよね。でもそれでいいと思います。親が子どもに「得意になってほしいこと」「興味を持ってほしいこと」を伸ばすのではなく、あくまでも主体は子ども。サッカーや空手で一番とか、漢字検定で何級とか、昆虫博士とかでなくていいんです。もっともっとハードルを下げて、ペットボトルの種類を知っている一番とか、セミの抜け殻を見分ける一番とか、なんでもいいと思います。子ども自身が興味を持って、掘り下げていって、それを自慢したときに「他にもっと大切なことを覚えなさい」ではなくて、「そうなんだ！　すごい大発見だね！」と驚いてほしいと思います。実際に親より詳しいと思いますし、心の底から「この子すごい！　私負けたわ」と思えるほどマニアックな得意分野がきっとあるはず。それがその子の確固たるナンバーワン、そしてその子だけのメガネと同じく、今の時期だけの大切なナンバーワンです。

イギリスの小学校には、「show & tell」というクラスがあります。自分が見せたいもの、みんなに知ってもらいたいものを家から持ってきて、クラス全員の前で発表するという授業です。Ｓａｙａは、自分で描いた絵をよく見せていましたが、自ら作った歌を披露する子もいれば、大好きな本を紹介する子、好きなおもちゃを見せる子もいます。なんのための授業かといえば、自分の思っていることや考えていること、得意なことなどを独り占めせずに、みんなでシェアして他の子たちにも学ぶ機会を提供する、そんな意図があるのだと思います。

発表の後には、みんな拍手喝采で、たくさん質問が出ます。でも決して、評価が入ることはありません。発表したことに対して、先生も含めたみんなが対等な立場で驚き、興味を持つ。みんなが拍手をしてくれる。それはとてもうれしいことですよね。きっとその子は誇らしいはずです。

まるでハリウッドスター？「褒める」よりも「驚く」が子どもの向上心を刺激する

子どもがなにかしたときに、思いっきり「驚く！」。これはぜひやってみてほしいことです。驚くときは、本当に心の底から気持ちを表現するために少し大げさなくらいにアピールするのがポイント。私は、もう自分は舞台女優なんじゃないかっていうくらいかなりオーバーなリアクションをしています。お笑い芸人のように椅子から転げ落ちるなんていつものこと。さすがに中学生のお兄ちゃんにはもう演技がばれていますけど、それでもやっぱりうれしそう。

「子どもは褒めて伸ばしたほうがいい」という意見も多いと思います。もちろんそれもいいのですが、私にとって「褒める」ということは、なにかを知っている人が知らない人に対して「よくできました」と上から目線で接することのように感じられ、しっくりこないのです。

それよりも「驚く」ほうが私には自然ですし、子どもと対等な感じがします。そして子どもへのリスペクトを表現することができます。

私は絵の専門家ではないですし、絵の上手い・下手を評価することもできないので、Sayaの絵を「上手だね」と褒めることはありません。でも「こんな絵になったの!」「本当に青の色ってそんなにたくさんあるの? ママ知らなかった!」「たくさん描きすぎて手が筆になっちゃいそう!」と驚くことはできますし、そのほうがお互いに楽しいです。

大切なのは子どもと同じレベルで共感すること。そうすることで子どもに気持ちが伝わるだけでなく、「次はどうやって驚かせよう」という楽しみが生まれ、子どもの「もっとやってみたい！」という向上心が増していくのではないかと感じています。

「正解」がない、それがアート思考

子どもの絵を見ていると、絵や芸術の世界には「正解」がないことを再確認します。「空は何色？」と聞けば、多くの子は「青」と答えるでしょう。でも、「空が青い」と決めた人って、誰なのでしょうね。

空は気体、基本的に無色透明です。また「青」といっても、見上げる方向や高さによってそこには無数の「青」のバリエーションがあり、それぞれが見ている「青」は同じではないはずです。

大切なのは、「空は何色？」という問いに対して「青」と答えることではなく、「どうして空は青いのか」とか、「今、ブラジルの空はどんな色なんだろう？」「虹はどうして雨の後に出るのかな？」と考えること。

これも好奇心であり、探究心です。

個人的な意見ですが、水色も空色もあまりいいネーミングではないと思います。子どもに固定観念を押し付けてしまうなんてもったいない!!

ひとつ、子どもといつでも簡単にできるおもしろい遊びをご紹介します。名付けて「葉っぱの色ネーミングゲーム」です。

外に行き、たくさんの葉っぱを拾います。もちろん秋なら紅葉を楽しみながら、赤やオレンジ、黄色い葉っぱが拾えるでしょう。それでもいいのですが、あえて春や夏に緑色の葉っぱを集めてみてください。「緑」といっても、葉っぱはすべて同じ色ではありません。そのさまざまな「緑」に、オリジナルな名前をつけるゲームです。

Ｓａｙａとこのゲームをすると、こんな色が誕生します。アボカドの中身色、アボカドの皮色、グリーンティー色、光が当たったコップ色、カメムシの背中色、ホウレン草の茎色、ちょっと腐ったカビ色、まだ甘くないバナナ色……。子どもと大人、順番にネーミングをしていき、どちらがたくさんいい名前を考えられるか競いながら歩くのも楽しいですよ。もちろん、子どもがオリジナルな名前を考え出したら本心から驚きましょう！　本当にすごいネーミングが誕生します！

私が「褒めて伸ばす」ことに少し違和感を持つのは、褒めることで「あなたは正解にたどり着きましたよ」と子どもに言っているように思えるだけでなく、できなかったときは褒めてもらえない、という劣等感を生んでしまうのではないかと感じるからです。結局「これができなかったから褒めてもらえなかった」とか、「できなかったからダメじゃないか」と、褒められなかったときに自己肯定感が下がってしまうのではないでしょうか。

そうはいっても、学校に行けばテストがあって、正解を求められ、嫌でも点数がつきます。計算ドリルには毎ページ何十問もの〇か×だけのチョイスが並び、1問間違えるたびに１００点から減点されていきます。年齢が上がるに従って、そうした世界に否応なしに入っていかなければなりません。だからこそ、正解がない世界をひとつ持っていることが、とても重要になってくると思います。

やる気の引き出しを開けるカギは「ひとつのケーキ」

「褒める」のではなく「驚く」ことの良さは、結果ではなく、その過程のがんばりや気持ちの強さを理解しているということや、ちゃんと見ているということを子どもに伝えられる点です。

Ｓａｙａの場合も、２・１メートル四方の松の木を描いていたとき、毎日いろいろな壁にぶつかりながらもあきらめずコツコツ描き、完成した作品がチャリティで想像以上の値段で落札されたことなどさまざまなエピソードがありましたが、なかでも一番驚いたのは、絵を描く場所にこだわり続けたその理由でした。

絵を描いていたのは、リビングの床一の面、ど真ん中！　家具も動かす必要があり、描いている間の1か月間は歩くのも大変、食べ物も近くで食べないよう家族みんなで工夫しました。ベッドルームや自分の部屋で描いたほうがずっとはかどるし、誤って踏んでしまう可能性もありました。Ｓａｙａがどうしてその場所で描くことにこだわっていたのか、私にはずっとわかりませんでした。

ところがある日、早朝のほんの10分間だけ、松の絵にカーテンの隙間からひと筋の光が差し込んでいました。そしてその朝日が差し込んだ光の部分には金ホイルが貼られていて、実際の光を表現していたのを発見したのです。

暖かな陽の光に照らされる大きく立派な松の木。それを描くためにはこの場所でなければならなかったことに気づき、「彼女がこだわっていたのはこれか！」と確信しました。その驚きをそのままＳａｙａに伝えたら「え？　ママ、知らなかったの？」と、ちょっと得意そうな顔をしていました。このときも、私が驚くことで感動や絵を描く意図を共有することができました。そしてなにより、大人が子どもの世界を垣間見て、リスペクトしていることを表現できるのはとても大切な瞬間だと感じています。

なんでもない日にこそ「ひとつのケーキ」を

できないことを一生懸命がんばっている子どもを見たら、帰りにケーキ屋さんに寄ることをオススメします。このときのポイントは、なにも言わずにケーキ屋さんに入ること！　子どもが「今日は誰のお誕生日でもないよ？」という顔をしたら大成功。そして、大切なのは結果が出る前にケーキを買うこと。なわとびが飛べたからお祝いするのではなく、逆上がりが成功したからケーキを買うわけでもない。がんばったそのプロセスをお祝いしましょう。

Ｓａｙａの運動会の前日、近所のケーキ屋さんで小さなケーキを予約しておきました。プレートには「よくがんばったね」と書いてもらいました。これは6歳上のお兄ちゃんの提案でした。

娘は足が速いほうではありません。かけっこではいつも最下位争いです。でも全く勝ち目のないリレーの選手にも立候補！　運動会のかけっこで最終的に何位になろうと、その日のために練習をし、絶対に1位になると意気込んで、全力を出しきった100メートルはリスペクトに値するし、お祝いしてあげたい瞬間でした。

結局、かけっこは3位、他の競技も悔しい結果となり、少し落ち込んで帰宅した娘をサプライズケーキで迎えました。

私たち大人は知っています、がんばっても結果がついてこない日もあることを。だからこそ驚いてあげたい、共感したい。そんな日もあるけど、がんばったその過程と心の強さをお祝いしたい。

というわけで、我が家では昔から「え？　今？」なタイミングでケーキが登場します。結果はわからないけど試験が終わった日、大きな決断をした日、できなさそうだけどなにかをやってみようと心を奮い立たせた日。

イギリスにいたころはカラフルなカップケーキひとつでも良かったし、日本では一番小さなホールケーキです。深い意味はなくキャンドルも吹き消して、勇気を出して一歩踏み出した、その道のりをお祝いします。だって、サプライズケーキがうれしくない子どもっていますか？

我が家ではたったひとつの小さなケーキが、「よくがんばったね」「勇気があったね」「チャレンジするってかっこいいね」のすべてを表してくれます。**ひとつのケーキはご褒美ではなく、「一歩踏み出せたこと、ちゃんと見ていたよ」とプロセスの大切さを伝えることができる小さく温かいサプライズなのです。**

種を植えたら、誰もが美しい大輪の花が咲くことを望みます。でもなかなか花が咲かなかったとしても、実はしっかりと地面に根を伸ばしているかもしれません。その花のペースで石をかき分け、水を吸い上げ、何方向にも根を張っています。

子どももきっと同じです。他人には見えないかもしれないけれど、地面に伸びた強くたくましい根っこを見守ってあげられるのは親だけです。ちょっと不思議な花が咲いても、咲くのに時間がかかっても、その根っこを見つけて抱きしめてあげることを私は続けたいと思います。

子どもの作品がアートになる「おうち美術館」

「ひとつのケーキ」と共に、ぜひ試してみてほしいのが「おうち美術館」です。簡単に言ってしまえば子どもの作品を家に飾ることなのですが、これにはいくつかのコツがあります。

1：子どもがいない間に飾ること
2：たとえコピー用紙の落書きでも、必ずひと回り大きな額に入れること
3：子ども部屋だけではなく玄関やリビングにも飾ること
4：お客さんが褒めてくれたら、謙遜しないこと
5：子どもが気に入っていない絵も飾ること
6：たくさん飾りすぎず、月に一度は交換すること

あくまでもイメージは美術館です。絵と絵の間には十分にスペースを取り、額縁は必ず大きめなものにしましょう。

額縁はオンラインで買えるようなものでも大丈夫ですが、少し重厚感があり、落下しても危なくない軽量タイプがオススメ。テープで壁に直接たくさんベタ貼りするのは厳禁です。美しく、自らのセンスを輝かせて「おうち美術館」の館長を楽しんでみてください。

家に帰ってきて自分の絵が額に入れられて飾られているのを見たとき、子どもはとてもうれしいはず。「誇りに思ってくれてるんだ！」「失敗作だと思っていたのに、ママはこれが好きなんだ！」と言葉にしなくても気持ちが伝わり、心の中がじわっと温かくなるでしょう。家の雰囲気もぐっと変わります。どんなに小さな子のぐるぐる線も一気にアートになるので、ぜひ実践してみてくださいね。

CHAPTER.2

第2章

「想像力」と「集中力」はどう伸ばす？

読書という無数の窓から、想像の旅へ

最近の子育てでは、「想像力」を育むことの大切さが注目されています。

想像力は物事を心に思い浮かべたり、推し量ったり、予測したりする能力のことを意味します。想像力が豊かになると、新たなアイデアを生み出す力だけでなく、将来の目的を達成するためにはなにをすべきかというタスク管理能力や、二次元の図から立体的な物体について考える空間認識能力、また問題処理能力やコミュニケーション能力が向上するといわれています。

そしていずれ想像力から創造が始まり、さらに情熱というエネルギーが加わることで小さなイノベーション（革命）が起こり始めるのです。

アップル社の共同創立者、スティーブ・ジョブズもスピーチの中で創造力の大切さについて話しています。イマジネーションがなければ革命は起こらない。「創造性とはいろいろなものをつなぐ力だ」と。

そしてアップル社が掲げるプロモーションの有名なスローガンは、〝Think Different〟「発想を変えろ」です。固定観念を壊し、新たな発想から改革を起こすことを意味しています。また、スティーブ・ジョブズは起業家として成功するためには「情熱」がなにより必要だとも話していました。

今までは教育から得られた知識や外部からの影響が、その後の人生のパフォーマンスを左右するのではないかと考えられていました。けれども、これからの子どもたちはイノベーション世代。内に秘めた挑戦意識、情熱、自分を信じる力、自分で切り開く力を持たなければ新しいアイデアは生まれません。

イノベーション世代が近い将来、発明したり世界を変えるような改革を起こすならば、そこに必要なのはイマジネーションと、発想を変える少しの勇気。では想像力や情熱はどうしたら身につくのでしょうか。なにか特別な方法があれば知りたいと思う人は多く、私もそのひとりです。

私は、子どもの想像力を育むのに一番適しているのは「読書」と「秘密基地作り」だと考えています。「秘密基地」については100ページで後述します。

まずはイギリス時代から続いている我が家のちょっと変わった読書スタイルについてお話ししますね。

イギリスでは幼いころから本を読むことがとても大切にされています。イギリスのナーサリーにはたくさんの絵本が並ぶ図書室があり、小学校になると図書室の本の数はさらに多くなります。こうした図書室では、子どもの読み解く能力ごとに棚が色分けされていて、本を読み始めたばかりの子ならば赤い本棚、少し読めるようになった子は黄色の棚、というふうに自分の読解力に合った本が見つけやすいように工夫がされていました。

読み書きは3歳半くらいからナーサリーで習い始めます。小学校の準備段階で4歳から入るレセプションクラスでは、かなりきちんとした読み書きができるようになっていました。授業には「読書」の時間があり、1時間みんなそれぞれに好きな本を読みます。またほぼ毎日、薄い本が渡されて、「明日までに読んできてください」という宿題が出ます。そして、翌日には誰かが発表しなければならないので、読むだけではなく、その内容を理解していないと困ってしまいます。そのため、4歳でもかなりの読書量になり、学年が上になれば、さらに読む量も増えます。

息子が11歳まで在籍していたオックスフォードのボーディングスクール（全寮生寄宿学校）では、電子機器の持ち込みは一切禁止でした。スマホはもちろん、ゲーム類やiPadも禁止。許可を取れば特別に持ち込んでいい唯一の電子機器はKindleでした。朝から夕方まで学校に行き、寮に帰ってきたら庭でラグビーやクリケット。夕飯後にみんなで宿題をし、寝るまでの時間は読書。

週末にも夜には必ず読書の時間が設けられていて、たくさん遊んだ後、読書タイムで静かに心を落ち着けて眠りにつきます。各自のベッド脇には本を置く専用の台とナイトライトがあり、それでも本が足りなくなるのでＫｉｎｄｌｅも併用。

中学校にあたるミドルスクールを受験した際の受験科目にも、しっかりとクリエイティブ・ライティング（１０９ページ参照）や、試験官と向き合い、１対１で行う詩の読解がありました。今の日本の小学校高学年や中学生に比べると圧倒的に学校での読書量が多く、またそれが評価される機会も多くあります。


イギリスは『指輪物語』や『ハリー・ポッター』など世界的に知られる数々のファンタジーを生んできた国ということもあり、子どもだけでなく、大人が読んでも胸が躍るようなストーリー性のある本が多くあります。

街中にも小さな本屋が多く、古本屋にふらりと入る機会も日本より多いです。電車の中やカフェでも読書をしている人を多く見かけますし、子どものころから読書習慣が根づいているように感じました。母親同士のちょっとした会話にも本の話が出てきたり、本を貸したり借りたりすることも頻繁にありました。

どうしたら「読書」が好きな子になるの？

Ｓａｙａはとにかく本を読むことが大好きで1か月に15〜20冊は読んでいます。絵本ではなく、３００ページはあるような活字のみのシリーズものが多いです。読書は想像力や語彙力、読解力を育むだけではなく、子どもの表現力や感性が磨かれ、集中力も養うことができるそうです。その集中力が全く途切れなさすぎて、歩きながら本を読んだり、食事中や着替えの最中も読んでいるので困ることがあります！

序章でも書きましたが、Ｓａｙａが自他共に認める本の虫であることを話すと、多くの方から「どうしたら読書が好きな子になりますか？」という質問を受けます。

本を読むのが嫌いというだけでなく、本を読む集中力がないというお悩み相談を受けることもあります。

「子どもに本を読ませるためのテクニックがあるなら知りたい」と思って尋ねてくるのだと思いますが、私はそんな難しいことなどしていません。子どもに本への興味を持たせる方法はたったひとつ、とても簡単です。

それは、親が本を読んで楽しんでいる姿を見せればいいのです。

「それだけ？」と思うかもしれませんが、これが一番大切なのです。

ここで質問です。

「あなたは、お子さんの前で本を読んでいますか？」

仕事や育児で忙しいから本を読む暇なんてないと思う方もいるかもしれません。でも、さすがに学校や仕事の緊急連絡以外でもスマホに触れている時間はけっこうあるのに、本を読む時間は取れないと思い込んではいないでしょうか？　読書は最高のエンターテインメント。テレビの代わりにもなり、持ち運びも簡単。誰にも迷惑をかけずに静かに楽しむことができます。

もしこの第2章を読んで、「そうだ！　私も読書しよう！」と思っていただけたなら、ぜひ小説を手に取ってほしいと思います。子どもが本のページを自ら開くとき、それは本の世界に自分が飛び込みたいときなのかもしれません。

子どもとソファに座り、夕飯はスーパーのお惣菜でもいいから暗くなるまで本を読む。ドキドキして、ページをめくるのが楽しみになる。朝起きたらまず本を開き、続きを読んでしまう。そんな感覚を思い出してみるのもいいでしょう。

子どもは親を映す鏡でもあります。ママやパパがいつもスマホと向き合っていたら、子どもは本よりもスマホに興味を持ちます。それと同じように親が楽しそうに本を読んでいれば、自然と読書に興味を持つのではないでしょうか。

私も昔から本が大好きで、家でもよく読んでいます。そんな私の姿を日ごろから見ているので、子どもたちも本を読むことに自然と興味を持つようになりました。家を出る前には各自の読みかけの本を1冊を持ったか、お互いに確認をします。歯医者さんに行くときも、ちょっとバスに乗るときも、レストランに行くときも、必ずバッグには私と子どもたちの本が入っています。

また、私が育った家では、昔から「本を読んでいる人が一番偉い」という漠然としたルールがあって、これは我が家にも受け継がれています。

このルールは、本を読んでいる人はごはんに遅れてもいいし、夜更かししてもいい、本を読んでいたら話しかけてはいけない、というもの。実は、これはなかなか使い勝手が良く、私の洗濯や食器洗い、掃除だって本を読んでいれば堂々と後回しにできるのです！　子どもたちもキッチンでワイングラス片手に読書をしている私をそっとしておいてくれるし、お互いに本を読んでいる間は部屋にページをめくる音だけが響きます。

これはもちろん我が家ならではの特別なルールなのですが、そうした環境と学校での読書体験がＳａｙａを読書好きにしたのかもしれないと考えています。私の姉が小学生のとき、時間を忘れて図書館で夜まで読書に没頭し、家族が捜索願いを出した話は秘密です。

ちなみに、Ｓａｙａは同じ本を何回も繰り返して読むので、お気に入りの本はボロボロになっています。水をこぼしてページがふにゃふにゃになったものやテープでページが補強されたもの、背表紙が取れている本もあります。ときには2冊の本を並行して読んだり、初めての本でも途中から読み進めたり。彼女のベッドにはいつも本が何冊もの積まれていて、部屋中読みかけの本だらけ。それでも、Ｓａｙａの頭の中では完璧に整理ができていて、順序や読書スタイルがどうであれ、本を読んでいるときは微笑んだり、怖そうな顔をしたり、とにかく忙しそう。本を通して彼女なりの世界がどんどん広がっているのだと思います。毎日寝るときも必ず本を読みながら、指を読みかけのページに挟んだまま眠りについています。

本を読むことってこれくらいゆるくていいのです。

姿勢を良くする、明るいところで読む、一日のうちに一定の時間は必ず読む、しおりを挟む、読んだら必ず本棚に戻す……そんな注意はしません。もっと本を身近に、すぐに手に取れるようにすることが大切だと考えています。

想像の翼が広がる、オススメの絵本

「Ｓａｙａちゃんはどんな本を読んで育ったの？」という質問を受けることがよくあります。８歳を過ぎたころからはシリーズものの洋書を好んで手に取っていますが、幼少期にＳａｙａが読んでお気に入りになった本を紹介したいと思います。

印象に残っているのは『かいじゅうたちのいるところ』（モーリス・センダック作／じんぐうてるお訳／冨山房）。これは、お母さんに怒られて追いやられた男の子の部屋が、いつの間にかかいじゅうたちのいる森になり、そこで男の子が大暴れするというストーリー。おそろしくもユーモラスなかいじゅうに囲まれる生き生きとした男の子の冒険にワクワクするお話です。読んでいくと、途中に文字がなく絵だけになるページが出てきます。ここがこの本の醍醐味です。大人だったらすぐにページをめくってしまうでしょうが、子どもはそこで止まって、じっと絵を見ています。きっと、子どもたちの頭の中にはいろいろな想像や空想が湧き上がっているのでしょう。

もうひとつオススメなのが、大きくて、お行儀が良くて、とても気が利くライオンが、ある日、図書館にやって来てお手伝いをするという『としょかんライオン』（ミシェル・ヌードセン作／ケビン・ホークス絵／福本友美子訳／岩崎書店）。大判の本で色も美しく、大きく描かれた優しそうなライオンの毛並みが金色に輝きます。ライオンと図書館という予想外な組み合わせが、Ｓａｙａの心を捉えたようで、この絵本もとてもお気に入りでした。字が読めなくても何度も自分でページをめくり、自分だけのお話を作っていました。

また、少し古い本ですが、『いろいろへんないろのはじまり』（アーノルド・ローベル作／まきたまつこ訳／冨山房）もオススメです。これは私も幼いころに読んだ1冊で、ボロボロのまま息子へ、次にＳａｙａへと受け継がれました。辺り一面灰色だった世界に魔法で色を塗っていくのですが、その色ごとに街の人たちの気持ちが変わり、街に変化が起こります。これは決していい変化だけではなく、悲しくなったり、怒りっぽくなったりもします。では、色を混ぜたら街はどうなるでしょう？　どこかコミカルな魔法使いがかわいくて、失敗さえも応援したくなってしまいます！　作者のアーノルド・ローベルは『ふたりはともだち』（三木卓訳／文化出版局）や『どろんこぶた』（岸田衿子訳、文化出版局）などの有名作を手がけたアメリカの絵本作家。昔ながらの優しいタッチの絵と、感情豊かな展開が何度読んでも楽しく、絵を描き始めたころの子どもにはぴったりな1冊だと思います。大人が読んでもどこか懐かしくて癒やされますよ。

他にも『オズの魔法使い』（ライマン・フランク・ボーム原作／岸田衿子文／堀内誠一絵、偕成社）、『くまのパディントン』（マイケル・ボンド著、ペギー・フォートナム絵、松岡享子訳、福音館書店）、『ドリトル先生物語』シリーズ（ヒュー・ロフティング作／井伏鱒二訳／岩波少年文庫）、『エルマーのぼうけん』（ルース・スタイルス・

ガネット作／わたなべしげお訳／ルース・クリスマン・ガネット絵／福音館書店）など、たくさん読んできました。Ｓａｙａは、『メアリー・ポピンズ』や『オズの魔法使い』『エルマーのぼうけん』のような知らない世界に行ったり、冒険をしたりするストーリーや、パディントンやドリトル先生シリーズのように動物が擬人化されている話が好みのようです。

最近のお気に入りは、『ぼくを探しに』（シェル・シルヴァスタイン作、倉橋由美子訳、講談社）。〝かけら〟が足りないために上手く軽がれない「ぼく」が、足りないかけらを探しに野を越え、海を越えて旅をする、という本です。見つけたと思ったかけらは大きかったり、小さかったり。黒い線だけで描かれたシンプルな絵が、子どもの想像力を刺激しそうです。「自分探し」にもつながる哲学的な内容は、大人が読んでも楽しめるものになっています。

Ｓａｙａはこの本を学校の図書室で見つけてとても気に入り、何度も借りていました。でも、貸し出しカードに書かれているのはＳａｙａの名前だけ。そんな本を学校のお友だちに教えたかったのでしょうか、『ぼくを探しに』を授業のビブリオ・バトル（本の紹介コミュニケーション・ゲーム。選んだ本の内容や魅力をみんなの前で紹介し、誰の本がおもしろそうかを決めるもの）で紹介しました。するとみんながその本を借りるように！「他の人が借りているから、私が借りられないの」と、なぜかうれしそうに話してくれました。誰も知らなかったこの本の魅力を発掘し、人気になったことがうれしかったのでしょう。

ファンタジーの世界が心を癒やしてくれる

読書のおもしろさ、特にファンタジーや冒険もののおもしろさは、今ここではないどこかへ連れて行ってくれること。現実の世界以外に、自分の世界を持っていることは、子どもが安心していられる場所を作ることになると思っています。

Ｓａｙａは動物が人間のように動く本が好きなことはすでにお話ししましたが、その延長線上にあるのが「ぬいぐるみ」です。

とにかく、ぬいぐるみが大好きで、家にはベッドいっぱいのぬいぐるみがあり、そのすべてに名前をつけ、性格を設定しています。さらに「この子とこの子は仲良し」などぬいぐるみ同士の関係性も作っています！　ぬいぐるみで遊ぶときには、ナーサリーや学校という舞台設定や、一緒に遊ぶ友だちや家族、先生の好きな食べ物といった細かい設定まで決めています。大変なのは新しいぬいぐるみが来たとき。新しい子がどんな性格で、どの子と仲良くなって、どのグループに入るか、そんなことをずっと考えています。

もちろん母親である私も、全員の名前と性格を把握しています。お話を作りながら一緒にぬいぐるみの世界を広げることもありますし、誰か一匹が病気の設定で日中の看病を任されることもあります。そんなときは、小さく切った冷却ジェルシートをぬいぐるみのおでこにのせ、ハンカチを毛布に見立て、お水を置いて、仲良しの子を近くに寝かせます。

そして毎日、一人ひとり（？）、自分が学校へ行っている間にこの部屋で繰り広げられたことを聞いていくのが寝る前の儀式。それが終われば、ぬいぐるみに囲まれながら安心して眠りにつきます。そこにはＳａｙａが考えたぬいぐるみと自分だけの世界があり、そうすることで心を平穏にしていられるのかもしれません。

Ｓａｙａがまだ2歳のころ、旅行先の遊園地で足を骨折したことがありました。ロンドンに帰り、病院でレントゲンを撮り、ギプスをすることになりました。ギプスの見本は5色あり、青や赤やピンクなどとてもカラフル！　そこにキラキラのラメや、シールを選んでつけられる仕組みでした。ギプスを巻く間も看護師さんがクマのぬいぐるみを使って、あたかもクマが処置しているようにしてくださり、泣き声どころか笑い声があふれる病室になっていました。

一緒にいた息子の提案で、帰り道に寄ったお店でウサギのぬいぐるみを買い、「Ｂｕｎｎｙ（バニー）」と名付けました。私がバニーの足に包帯を巻き、ピンク色に塗っておそろいのギプスに見立てました。その日からＳａｙａとバニーは1秒も離れることなく、今でも大親友です！　今まで描いた絵には何度もバニーが登場しますし、頭の中はバニーとの空想ワールドでいっぱい！　ふたりは夢や頭の中で一緒に気球に乗り、絵本の中を走り回り、海でクジラに出会い、空ではオオワシにのりました。そんな話を毎日たくさんしてから眠りにつきます。

子どもの想像力という特権は、何度でも使えて、どこまでも自分を連れて行ってくれる素晴らしい切符です。もしも子どもがそんな切符を小さな手でぎゅっと握り締めていたら、どんな冒険があったのか空想の世界の話をたくさん聞いてあげたいですね。

ストーリーを耳から理解する難しさ

読書に関連してよく「読み聞かせはしたほうがいいですか?」と聞かれることがあります。読み聞かせによって子どもの言語発達が促進され、聞く力の向上、読書量の増加などの効果があるとわかってきているそうです。

ただ私は「読み聞かせ」はほとんどしませんでした。仕事をしていて、あまり時間が取れなかったこともあります。その代わりイギリスのナーサリーや小学校では、読み聞かせの時間がありました。

どんな本を読むのかというと、絵本だけでなく、「これ全部読んだら先生の声、かれるよね」と思うほど分厚い児童書。1時間の授業では最後まで読み終わらないので、「続きは明日」という感じで1章ずつ読んでいました。

読み聞かせの授業は、ただ本を読んで聞かせるだけ。その後に子ども同士で話し合ったり、先生の解説があったりするわけではなく、読んでおしまい。でも子どもたちは、途中で終わった物語について頭の中でずっと「次はどうなるんだろう?」と考え、目を輝かせています。大人が「おもしろいドラマの続きが観たい」と思うのと同じ。子どもはすぐに想像ワールドに入り込み、隅から隅まで探検に行くでしょう。この探検こそがかけがえのないほど大切で、大きくなるにつれできなくなってしまいます。

最近では大人向けにも本を読み聞かせしてくれるシステムやアプリがあり、運転中やジムで走っている間、料理中などにも本が読めます。使ってみた人にはわかると思うのですが、これがけっこう難しくて、一瞬でも気が逸れると、話についていけなくなります。本を読んでもらって耳だけで聞いて内容を理解し、その情景を思い浮かべ、登場人物たちの性格や細かな描写まで読み取るのは大人でもハードです。視覚を使わず聴覚のみを使って想像の世界へ旅ができるということは、特技になるのではないでしょうか。私も料理をしながらアプリでサスペンス小説などを聞いていますが、主人公と犯人がついに出くわす場面などでは、必ず料理を焦がしてしまいます(笑)。

日本の小学校受験では「お話の記憶」という試験項目があります。子どもがお話を聞き、理解し、覚え、問題に取り組みます。普段から耳だけでもお話の世界に入れる癖がついている子どもにはさほど難しくありません。読み聞かせに慣れていない大人より子どもの理解は早く、内容もよく覚えていますよ!

イギリスの公立図書館でも、ほぼ毎日「ストーリー・タイム」という読み聞かせの時間がありました。小さい子どもたちがカーペットの上に座り、図書館の人が本を読んで聞かせてくれるもので、どんな図書館でも毎日行っている人気のイベントです。

こうして振り返ると、Ｓａｙａは私が読み聞かせをしなくても、いろいろな機会にさまざまな本を聞いていたのだと思います。

イギリスの絵本の表紙には2次元バーコードがついているものがあり、それを読み取るとプロの音読が始まります。ページをめくるときには小さく音の合図があり、子どもがひとりで好きなときに気楽に本を読めるのはすごくいいと思いました。日本の図書館でも「読み聞かせ」のイベントは人気ですし、朗読劇やオンラインのものなども利用してみてはどうでしょう。

図書館は本を借りるだけの場所じゃない！

イギリスでは公立の図書館をとてもよく利用しました。天気が良くない日の放課後は図書館に行くことが定番でした。なかには映画『ハリー・ポッター』シリーズに出てくるような、螺旋状の階段と天井までずらりと並んだ棚に本がびっしりと入っている図書館もあって、私もＳａｙａも大好きな心躍る空間でした。日本の図書館とは少し違って、ソファや床に座ってゆったりと読書できるスペースが多くありました。

イギリスの図書館は私と娘にとって、本を借りに行く場所ではありませんでした。その場で本を読み、絵も描き、宿題も仕事もし、またお友だちとも遊びました。お腹が空いたら外の花壇に座っておやつを食べ、また図書館の中へ。空間そのものを楽しんでいて、図書館に行けば３～４時間はあっという間に過ぎていました。

日本に戻ってきてからも、都内の図書館をよく利用しています。素敵な図書館を見つけたら、少し家から遠くても、「今日はあの図書館に行くぞ！」と気合を入れて、お出かけモードで訪れてみてもいいですね。せっかくなら親も自分が読んでみたい本を選んで、子どもの様子を見ながら読書を楽しんでみてはどうでしょうか。

映画や動画、ＹｏｕＴｕｂｅを観るのは良くないこと？

親が子どもに身につけてほしいと考えるものの中に「集中力」があると思います。そこでオススメなのが前述したように読書です。本を1冊読み、登場人物や話の流れを覚えておき、最後までしっかりと読むことは、集中力を育てるいい機会になるはずです。

ただ、Ｓａｙａを見ていて思うのは、彼女が本を読むときに発揮される集中力が、実は映画を観ることで養われたのかもしれないということです。Ｓａｙａは2歳ごろから2時間以上ある映画も途切れることなく最後まで観ていました。

好きな映画は『メリー・ポピンズ』『サウンド・オブ・ミュージック』『オズの魔法使い』『アニー』など。好きな本と傾向が似ています。映画のいいところは、本と違ってみんなで観られるところ。同じ時間に同じものを親子で一緒に楽しめるのは映像ならでは。

子どもと一緒に映画を観れば、終わった後にその話ができます。原作があれば「本も読んでみようか」とうながすこともできるので、そういう楽しみ方をしてみてもいいかもしれません。その中でも特に、『パディントン』『ナルニア国物語』『ポーラー・エクスプレス』『アリス・イン・ワンダーランド』『チャーリーとチョコレート工場』『マチルダ』あたりは原作との乖離も少なく、子どもにオススメできる映画だと思います。

ただし「映画を最後までずっと観せなければならない」ということではありません。本に途中で用事ができたり、他のことをやりたくなったりするのは当たり前のこと。本にしおりを挟むのと同じように、途中で止めても大丈夫です。きっと子どもは頭の中にあるストーリーを覚えていて、「次はどうなるのだろう。きっとこうなったらいいいな」などと考えているはず。それも考える力、想像を広げる力のひとつにつながるのではないでしょうか。

ＹｏｕＴｕｂｅもキッズフィルターのみをかけて、私が特に選別せず、自由に観させています。ただひとつ、ＹｏｕＴｕｂｅやＳＮＳ上の動画で問題なのは、作品があまりにも短時間であり、受け身であるということ。15秒〜5分程度の動画が多く、自分自身で考える間もなく答えが出て、どんどん次に進んでしまいます。

常に手を動かし、試行錯誤をしながら道を切り開いていく「アート思考」とは対極に位置する可能性もあるので、そこだけは要注意。もちろんＹｏｕＴｕｂｅから得た情報でなにかが生み出せるならそれでＯＫです。

「秘密基地」は自分だけの特別な空間

集中力を高める上で大切なことは、子どもが夢中になっているときに、それをじゃましないこと。「うちの子は集中力がなくて……」という方はちょっと思い返してみてください。**もしかしたら、子どもがなにかに集中しているとき、無意識のうちにそ**

れをさえぎっていませんか？

子どもが映画をずっと観ていたら、つい「ごはんだよ」とか「早く宿題しなさい」「いつまで観てるの！」などと言っていませんか？　その気持ち、よくわかります。ただ、そのときの子どもは、登場人物や話の筋を追うためにとても集中しているはずです。それを途中で止めてしまうなんて、もったいない！

私はこの時間こそ子どもが頭と心いっぱいに自分だけの世界を広げているのだと思い、本人が納得するまで、なるべく待つようにしています（と偉そうに書きましたが、私自身が大好きな小説を読み進めるチャンスでもあるので、ワイングラスを片手に静かにページをめくります）。

逆に、**子どもが集中したいのだけれど周りが気になっているようなときは、「秘密基地」がオススメ**です。

「秘密基地」といっても、海外ドラマや映画に出てくるような、木の上にある立派なものではなく、ちょっとしたスペースが確保できれば、それで大丈夫です。周囲の音や光を遮ることができて、自分だけでいられる空間であれば、折りたたみ式のテントでも大きな段ボールでもなんでもいいんです。

Ｓａｙａは二段ベッドと壁の間に毛布をテープで貼り、屋根と壁を作り、そこを「秘密基地」にしています。フェルトペンで模様を描き、毛糸でドアベルを作りました。窓もあり、入り口も決まっていて、本を積み重ねた上にハンカチをかけた小さなテーブルもあります。誰にもじゃまされず、外界からの刺激をシャットアウトして、ひとりの時間が持てる場所で映画を観たり、本を読んだりしながら、自分だけの世界にどっぷり浸れる空間を大切にしているのだと思います。

思い出してみてください。子どものころに作った秘密基地のスペシャル感。大人には入れない狭い場所、そこに大好きなものをたくさん持ち込み、気づくと寝てしまったり……。

ちなみに私の秘密基地は、階段下の三角スペースでした。懐中電灯を持ち込み、埃っぽい秘密基地でたくさんのぬいぐるみたちと本を読みました。家族でそこに入って来られるのは5歳上の姉だけ。入るには合言葉と決まった数のノックが必要でした。

子どもが自分なりの秘密基地を作り、いろいろなものをこまごまと持ち込んで遊んでいたら、割れないコップに入れたココアやサンドイッチを差し入れしてみては？ 小さなブランケットと、お気に入りのぬいぐるみも一緒に。少しくらい中が散らかっていても片づけないでください。秘密基地に子どもが持ち込んだアイテムには意味があり、きっと並べ方にもこだわりがあるはず。充電式のかわいいナイトライトがあると、目にも優しく基地タイムを満喫できるかも。

だから子どもが秘密基地を作りたい、と言ってきたら「どうぞ！」と答えてあげてください。

おもちゃの与えすぎが将来のチャンスを奪う？

アメリカのオハイオ州にあるトレド大学の最新の研究結果にこのようなものがあります。

「おもちゃは少ないほうが、子どもの集中力が2倍続き、遊び方が洗練され高度になり、創造力が生まれる」

この研究では生後18か月から30か月（1歳半〜2歳半）の幼児を36人集め、ふたつのグループに分けました。それぞれの子どもは4個もしくは16個のおもちゃで、ひとりで30分間遊ぶように伝えられます。子どもたちが遊ぶ様子を観察し、何回おもちゃを手に取るか、何分おもちゃで遊ぶのか、どう遊ぶのかを調べました。これは児童心理学の実験です。

Aグループ:おもちゃ4個で30分間遊ぶ
Bグループ:おもちゃ16個で30分間遊ぶ

研究からわかったことは次の通りです。
Aグループの子どもたちのほうが多くの遊び方を試し、長い間ひとつのおもちゃで遊んでいたのに対し、Bグループは次から次へとおもちゃを替えて遊ぶ様子が見られました。遊び始めてしばらくすると、Aグループの子どもたちは、おもちゃを積み上げてみたり、叩いてみたり、おままごとに使ったり、隠したりと遊び方を工夫しました。結果、子どもが遊ぶときは、おもちゃの数が少ないほうがよりクリエイティブに想像力を働かせることがわかりました。

この研究結果でもわかるように、子どもの創造力や思考力、工夫する力を伸ばすには、おもちゃは少なくていいと私も思います。おもちゃが少ないことで自ら遊び方を考え、四方から観察し、想像のドアを開けることができます。もしこれをこうしたら、こっちに組み合わせてみたら……。そんなふうに没頭する時間は、たとえ1歳児や2歳児であっても必要です。

私のふたりの子どもたちは保育園で育ったので、最初から必然的におもちゃが少ない環境にいたと思います。流行りのキャラクターを好きになることもなく、グッズも買わず、おもちゃも最低限。子ども部屋にはおもちゃ箱がひとつだけ。その中に入らない量は買いませんでした。

その代わり、手の届く引き出しにはいつもこんなものがありました。

段ボール、毛糸、テープ、ハサミ、トイレットペーパーの芯、割り箸……。まさにガラクタ！　Ｓａｙａは昔から、それらを使っていつまでも遊び、手を動かし、創造していました。今でも部屋にこもりっきりで工作をすることがなにより大好きです。外に出れば葉っぱでおままごとをし、木の枝は剣に変身！　カラフルで音が鳴るような立派なおもちゃより、小さなこだわりを持つガラクタがなによりの宝物。これは、子育てをした方なら共感していただけるのではないでしょうか。

覚えていませんか？　赤ちゃんがなんでも口に入れてしまう時代を。おもちゃなんて与えなくても、身の回りのものすべてに興味津々で、目を輝かせていたころを。私は今のところ中学生までの子育てを経て、こう分析しました。

- 1歳児はティッシュの箱で1時間遊べる、遊びのプロ。
- 2歳児はなんでも触り、危険をかえりみず実験する、冒険家。
- 4歳児は絶えずなぜかと問いかけ、自然の仕組みについて首をひねっている。
- 5歳児は想像力を働かせていたずらをするのに一生懸命。
- 6歳児は手先が器用になり、想像力を創造力につなげることができる。
- 8歳になると好奇心スイッチが少し減る。

高校生は？　大人は？　好奇心はどこに行ってしまったの？

日本では、6歳を過ぎると義務教育が始まり、学校に通うようになります。同じペースで学習が進む集団生活では、正しい解答が優先され、いつの間にか好奇心から芽生える個々の「なんで？」がじゃま者扱いされ始めるような感覚を持ちます。幼児のころはあんなに「なんで?」と問う癖があったのに、いつの間にかそんなことを考える必要もないほど答えが自動的に与えられ、脳も心もちょっと怠けてしまうのでしょう。これは私にももちろん当てはまります。

では高校生になり、大人になり、教科書通りの学びが身につくにつれ、世の中に疑問を持つこと自体が減るのでしょうか。または疑問を持っても、言い出さないほうが楽だと気づいてしまうのでしょうか……。

でも、これではイノベーションは生まれません。

VUCA時代を生き抜くには、クラスルーム内も変わる必要があるし、もちろん家の中でも考え、想像をし、小さな疑問を持つ癖をつけられるよう、子どもたちを導かなければいけないと思います。

もし「おもちゃを減らす」ことがその第一歩なら、それは今日から実践してもいいのではないでしょうか。

クリエイティブ・ライティングで「子ども小説家」の誕生

読書や映画、遊びなどを通して子どもは成長していきます。育まれてきた想像力・創造力は、自然に「表現」として外に出てきます。その形は、歌や絵、踊りなどいろいろありますが、文章を書くこともそのひとつです。

日本で作文といえば、「昨日あったことを書いてみよう」「遠足で楽しかったことを書いてみよう」という、実際の出来事やそこで感じたことを書く場合が多いと思います。大体の書き出しは「昨日、僕は」「今日、私は」になりがちです。

一方、イギリスで作文といえば「クリエイティブ・ライティング」です。

例えば「この絵を見て物語を書いてみましょう」とか、「自分がこの主人公だったらどうしますか？」というテーマを投げかけられ、子どもたちはそれについて考え、文章を構成し、テーマに沿って想像力を広げてストーリーや登場人物のセリフを書いていくのです。

こうしたストーリーは、自分の中になにかしらの種がなければ展開させていくことができないと思います。その「種」となるのが、子どもたちがそれまでに読んできた本や劇で得た経験です。おもしろかった本の内容を真似したり、劇でどんなふうにセリフを作ったのかを思い出したりすることで、ストーリーを膨らませていくことができるのです。

「クリエイティブ・ライティング」では、書いたものに点数をつけませんが、読んだ友だちや先生が「おもしろいね」と言ってくれたり、親が「すごいね！」と驚いてくれたりすることが、子どもたちにとって最大の評価につながっていきます。自分の想像したことを発表したら、周りの人たちがいろいろな反応をして驚いてくれる。その経験が、「これはどう？」「次はこんなふうにしてみよう」など、子どもたちの小さなアーティストマインドを刺激するのだと思います。

では実際に、学校で書くような作文や日記はどうしたらおもしろくできるのでしょう？　我が家で実践しているのは次のふたつです。

1：「今日」や「昨日」で始めない

おもしろい書き出しを考えてみる！　そして過去に起きた出来事を綴るのではなく、今、自分が一番好きなこと、夢中になっていること、心に響いたことを書けばいいと伝えています。毎日お話作りを続けてもいいですし、架空の登場人物が魔法を使ってもOKです！

2：「日記」と呼ばず、違う名前にしてみる

例えば「おもしろノート」「私のお話」など。毎日やらないといけない義務から解放され、気分は小説家になって好きなときに好きなだけ書ける環境にするのも楽しいですよ。もちろん書くのは秘密基地の中でです。

「アート思考」で算数の力も読解力も身につく

実はお絵かきには、芸術面だけでなく、読書と同じように、表現力、読解力、想像力、空間認識能力などを養ういろいろな要素が含まれています。

まず言えることは、文字を書く前から子どもは絵を描くということ。実は子どもが自分でなにか表現したいと思ったときに、真っ先にやってみるのがお絵かきなのだそうです。

また、クレヨンや色鉛筆を使うので指先のトレーニングにもなり、ひいては脳の発達がうながされ、空間を立体的に捉えられるようになります。対象を観察し、試行錯誤しながら絵にしていくことで、論理的思考力が育まれ、絵を描くために視覚や聴覚、触覚、嗅覚などを総動員しているので、観察力や表現力が身につきます。

しかし、ここでひとつ忘れてはいけない大切なことがあります。

子どもの絵に点数はつきません。それを決めることができる大人もいません。隣の子と比べて少し成長が早いとか、手先が器用だとかはどうでもいいこと。大切なのはその子がどれくらい夢中になり、紙の上で自分を表現できているのかどうかです。

そして子どもが絵を完成させたら、どんな作品でもいいので、ぜひ立派な額に入れてリビングに飾ってみてください。子どもはみんなアーティスト。一気にリビングが美術館になりますよ！

お絵かきは字のない作文

Ｓａｙａが４歳のころ、ナーサリーの先生方から「素晴らしい！」と言われた絵がありました。それはジャングルに住むいろいろな動物たちを描いたもので、今でもナーサリーに飾ってあるそうです。その絵を見ながら先生とお話をしているとＳａｙａ

が「この子はここで寝ていて、このカメはお花が大好きで、このライオンとお友だちで、この子は雨が嫌いだから雨宿りをしているんだよ」と絵の説明をし始めました。絵の背景にはストーリーがあり、その中の一場面を思い浮かべながら、絵を描いていることを知ったときでもありました。

Ｓａｙａにとっての絵は、なにかを描写するのではなく、クリエイティブ・ペインティング。まるで「字のない作文」のように、二次元の世界にストーリーがぎゅっと詰め込まれています。そしてこの絵は二次元ではなく、実は三次元。彼女が描く海の絵も、そこには魚が住んでいて、陸にある家には人が暮らしていて、野原を歩いて行けば隣町にたどり着き、その町ではまた別の物語が……。たった一枚の絵の中で壮大な世界が展開していきます。

Ｓａｙａの絵には一枚一枚ストーリーがあり、そこにはいろいろなメッセージが描かれています。そのため、『メアリー・ポピンズ』や『オズの魔法使い』などの本を読んだり、映画を観たりした後には、その話の続きや、自分がその物語に飛び込んだ一場面などを絵に描いたりするようになりました。

ある日、お茶の時間にやってきたトラが、家にあるものを全部食べてしまうという絵本『おちゃのじかんにきたとら』（ジュディス・カー作／晴海耕平訳／童話館出版）を読んで、そこから発想を膨らませて「虹を食べたトラ」と題して虹色に染まったトラの絵を描いたこともありました。それが236ページの絵です。

Ｓａｙａが絵本からインスピレーションを得て描いた絵は他にもたくさんあります。１年生のときには、町はずれにある仕立屋さんと鬼の男の子との心温まる交流を描いた児童書『魔法のたいこと金の針』（茂市久美子作／こみねゆら絵／あかね書房）を読んで、感想を絵にしていました（これは『読書感想画中央コンクール』に応募しました）。本を読むとその情景が頭に浮かび、それを絵にしている、そんな感じがします。ちなみに、本の一場面や続きを絵にするとき、模写はしません。そこがまた難しく、クリエイティビティを思いっきり発揮できるおもしろいところでもあります。

青いキリンの「ブルーベリー」とシマウマの「レイニー」

この本の表紙に描かれている青いキリンの絵にもストーリーがあります。

この絵を描き終えてまずＳａｙａが説明したのは、「キリンは葉っぱの陰に隠れている」ということ。「なんでそこに隠れているの？」と聞くと、「ここはジャングルで、この子は怖がりだから夜が嫌いなんだけれど、夜行性だから夜に活動しなくてはいけないの。夜の暗闇は怖いからお月さまの光が届く中にいるの。でもすごくシャイだから葉っぱの中に隠れているんだよね。名前はブルーベリーっていうの。お友だちは少ないけれど、すごく優しいキリン」と教えてくれました。

ブルーベリーはさみしがり屋でシャイなので、８か月経ったある日、お友だちも描きました。それがシマウマのＲａｉｎｙ（レイニー）。あまり雨が降らないサバンナにいるから、雨が降るのを待っていて雨が大好き。だからレイニーなのです。レイニーはサバンナにいて、ブルーベリーはジャングルにいるのですが、時間と場所を超えて出会うそうです。仲良しのふたりなので、部屋に飾るときには、必ず2枚が対になるようにしています。

こうしたストーリーをなぜ、どうやって思いつくのか、いつも不思議ですし、いつも驚かされます。絵の源となるのは本や映画、ぬいぐるみの世界などさまざまなものからのインプットと、それらが育んでくれた想像力。だからＳａｙａの絵には正解も常識も境界線もない。とても自由なのだと思います。

でもこれは決して特別なことではなく、どの子どもにとっても同じこと。すべては遊びの延長線。子どもならではの自由な思考回路と、固定観念のない発想をいつ止めてしまうのか、空想の世界のドアに鍵をかけてしまうのかで違ってくるのだと思います。そして、それは学校の対応や親の接し方次第なのかもしれません。

CHAPTER.3

第3章

可能性を引き出す扉はどこにある？

左右違う靴下をはいたっていいじゃない

子どもは好奇心旺盛で、頭が柔らかく、さまざまな発想で大人を驚かせてくれます。でも、ときとして周囲の大人の「子どもはこうあるべき」「こうあってほしい」という固定観念が、子どもの自由な発想や行動を制限してしまっていると感じることがあります。

例えば子どもが左右違う靴をはいて出かけようとしたら、どうしますか？

「変だから同じものにはき替えなさい！」

「それを許していたら大人になってから困るのでは」

「しつけをしない親だと私（母）が思われる」

こんなふうに感じる方も多いのではないでしょうか？　そして自分の思う通りに行動してくれない子どもに対してイライラしてしまうなんてことも……。これは、きっと靴や靴下は左右セットではくべき、という固定観念に捉われているからなのかもしれません。確かに左右違う靴をはいたら、少し歩きにくくて危ないかも。もちろん、靴はセットで販売されているものなので、生産側からしたらそのままセットではいてほしいでしょう。

しかしそこをあえて違う組み合わせにすることで生まれる発見や育まれる創造性を大切にしたい時期があります。子どもが一般的な常識と違うことをしたとき、それを容認するか、注意して止めさせるか。私の判断基準は、「他の人に迷惑をかけているか」「親が介入するほどの危険があるか」です。

実はＳａｙａも４歳のあるとき、出かける前の慌ただしい朝に右足しか靴下をはいていないことがありました。

「どうして右しかはいていないの?」と聞いたら「左はまだはかないでって言っているから」と言うのです。

Ｓａｙａの世界では右の靴下さんと左の靴下さんだけでなく足にも感情があって、

靴下と足との相性もあることを説明してくれました。その話を聞いた私はその行動に納得し、無理に左足に靴下をはかせるのではなく、「じゃあ、左の靴下さんは後にして、先に歯磨きしようか。歯は全員並んでいて、準備はいいね」と、少し視点が変わるように声かけしてみました。すると娘も「みんな磨かれる用意はできてまーす！」と張りきって返してくれ、出かける準備が先に進みました。結局この日は右足だけ靴下をはき、出かけました。誰にも迷惑はかけていないし、危険もありません。途中で靴ずれすると困るので、もう片方の靴下は私がカバンに入れて持って行きました。

もしも、このときここで靴下にばかりこだわっていたのなら、きっと不必要なケンカになっていたのではないかと思います。

靴下を先にはきなさいと言う私、まだ足の準備ができていないと言う娘。

母親の言うことを聞かせることを優先させるのか、深呼吸をして子どもの（左足さんの）言うことに少し耳を傾けるのか。時間との勝負もありますが、きっとそんな発想をしてくれるのは今だけ。そのうちきっと左足さんは話さなくなるので、聞いてあげるのもいいかもしれません。そしてその些細な出来事を写真に撮ったり、メモしたりする癖をつけると、だんだんと自らの子育てに対する固定観念や不必要な常識の殻が柔らかくなっていきますよ。

子どもの想像力は無限大です。その発想は、大人の斜め上を行くこともあり、ときには理解できないと思うこともあります。しかし、それはとても重要な個性であり、才能を引き出す大切な要素です。大人のメガネだけで見た世界に閉じ込めてしまうのは、本当にもったいないことです。

例えば私なら、自分の靴下も片方だけ脱いでみます。「ママの右足さんも暑いって言っているから、こっちの靴下だけ脱ぐね!」と言ったら、子どもはどれだけ笑顔になるでしょう! 靴下を交換しても楽しいですね。もっと自由に、もっと大胆に、子どもたちの空想の世界を親も楽しんでみませんか?

親も一緒に子ども時代にタイムトリップしてみよう

子どもの自由な発想を大切にしたいと思っていても、子どもの行動が全く理解できないことはよくあります。先ほどの靴下の話もそうですし、いきなり好きな食べ物を食べなくなったり、こだわりを持ち始めたり……。なぜかと聞いてみても、こちらが納得できる答えが返ってくる確率はきっと2分の1以下。そう仮定すると、理解できるようにこちらから歩み寄る必要があります。

「親の言うことを聞かない」という表現をよく使いますが、こうした親の権限が発揮できるのは小学校低学年までだと私は思います。なぜなら、子どもが小さいうちは事故などの危険を回避したり、対人関係の常識を身につけさせたり、健康に気を使ったりして保護する必要があるからです。でも小学校高学年〜中学生くらいになってくると子どもに自立心が芽生え、「親の言うことがすべて正しいわけではない」と気づき始めます。これは決して困ったことでもなんでもなくて、当たり前のことなんです。**すべてにおいて親が100パーセント正しいなんてことはありません。**

よく世代別に「ゆとり」「さとり」といったネーミングがありますが、今の子どもたちにつけられた名は「イノベーション世代」。彼らは生まれたときからのデジタルネイティブであり、常に新しい発想と改革を求められています。そのため、一定のことに関しては私たちの古い概念を聞く必要もないとさえ思っています。実際、私もなにかを教えるどころか、中学生の息子の話から学ぶことが日々たくさんあります!

少し話を戻しましょう。もし私たちには理解できないような行動を子どもが取ったときはどうしたらいいでしょうか? 例えば左右違う靴をはく、ポケットの中がセミの抜け殻でいっぱい、あえてランドセルを交換して帰ってくる、生卵をベッドで温めていた、チョコレートをおにぎりの具にするなど。はい、すべて我が家の実話です!

そんなときには、タイムトリップしてみましょう！

タイムトリップってなんのこと？　と思われるかもしれませんが、これは自分の子どもと同じ年齢のころに気持ちを戻してみるということです。自分が子どもだったころ、どんなことを考えていて、どんなことが好きで、どんなふうに過ごしていたのかを思い出してみてください。

ちなみに、Ｓａｙａが右足だけ靴下をはいて出かけたとき、私は一瞬で４歳のころにタイムトリップしました。私も昔、右に長靴、左にスニーカーをはいて出かけた日がありました。右足だけ水たまりに入り、濡れないかを確認。そんな私の手を引いて、母はいつも通り保育園まで一緒に歩いてくれました。楽しかったし、みんなと違う自分が誇らしく、それだけで特別な日になったことを覚えています。木に話しかけながら歩いた日もありました。「バナナの皮とヤモリちゃん」という自作の歌を歌い続けた日もありました。

そして私の母もまた、その歌を一緒に歌ってくれるような人でした。

タイムトリップすることで、いかに自分が大人の都合や固定観念に縛られていたのかに気づくことができます。そして子どもの目線に立つことで、それが本当に必要なことなのか考えてみると、いい意味での「まあ、いいか!」が増えて、育児がぐっと気楽で楽しくなると思います。「なんでこの子はこんなことをするんだろう?」と思ったときは、思いきってタイムトリップしてみてくださいね。

他の人に迷惑をかけない、危険がない、ということを守れば、許容できる子どものいたずらはかなり増えると思います。そしてそのいたずらさえ、懐かしく愛しく思えるようになるのではないでしょうか。

ロンドン式「Make Believe」クラスってなに?

ロンドンで放課後によく通っていた室内の遊び場に、〝Make and Make Believe〟というい素晴らしいレッスンがありました。

5〜6歳の子どもたちが一緒に工作（Make）をしてから、その作品を使って「なりきる」ことを目的にしたものです。〝Make Believe〟の和訳をそのまま調べると出てくるのは「見せかけ、ふり、作り話、空想、偽り、架空」など。そうです、ここで学ぶのは、どれだけその日の課題になりきれるか。「〇〇ごっこ」について戦略を練り、心情や背景を自分で決めて演じきり、その「ふり」ができるかでした。

例えば「恐竜」がテーマだったときは、まず恐竜のことを学び、自分が肉食になるのか草食になるのかを決めました。次にガラクタを使って恐竜にまつわるものを制作。そして恐竜の衣装に着替え、その先はとにかく恐竜になりきる！　人間の言葉は話さず、ドシンドシンと地面を踏み鳴らし、ときには恐竜同士でケンカをし、生の肉に見立てたスポンジを食いちぎります。

次の週は「海賊」です。海賊になりきるために眼帯と剣を作り、コンパスをポケットに入れて、テーブルの上に順番に上ります。床は海の設定、その向こうに小さな島があります。海にはワニが泳いでいるので、飛び越えて島に着く必要があります。子どもたちは勇ましく、思いっきり島に向かってジャンプします！

また次の週はドクターになってぬいぐるみの手術をし、その翌週はシェフになって本当にクッキーを作りました。

このレッスンを受けるために、親はもちろん授業料を払います。なにが得られるかと聞かれると、わかりやすい成果はありません。○○何級というようなレベルもないし、プリント何枚といった宿題もない。学力が上がるかと聞かれれば答えはNOです。しかしSayaはこのクラスで多くのことを学び、感じ、空想の世界にどっぷり浸り、集中し、自己表現する力をつけることができました。

今思い返しても、素晴らしい経験でした。間違いなくこの経験が、今のSayaの感性を磨き上げたひとつの要素だと思います。そして後から知ったのですが、このレッスンを担当していたサラ先生は、数学研究家でありながら趣味で絵も描く、とてもロジカルなアート思考を持った方でした。

ここでひとつ、ぜひ子どもに提案してみてほしいことがあります。

「ママの真似してみて」「パパの真似してみて」と遊びながら聞いてみてください。

子どもは本当によく見ていて、特徴を捉えます！
Ｓａｙａだったら間違いなく、キッチンでワイングラス片手にフライパンを振り、鼻歌を歌いながら立てかけた本を読む私を真似するでしょうね！

親が干渉しすぎない、イギリスの子育て

大切なのは心が奪われている瞬間

イギリスの親たちは、子どもたちに自主性を求めます。遠くから静かに見守っている人が多く、私も怪我や大きな揉めごとが起こらない限りは、干渉せず同じようにしていました。

Ｓａｙａは今でも、雨が降り始めたときに水たまりの中で虹色に輝く車からの油、

洋服のスパンコールなどに反射した光が映ってキラキラする壁など、気になるものがあるとそれをじっと見ています。

好奇心や興味はこうした時間から育っていくと思います。子どもの動きが止まり、一点を見つめ、なにかに心を奪われている瞬間があったら、その瞬間は親子にとって一生の宝物です。もしどうしてもその場を離れなければいけないときは、子どもがなにに心を奪われているのかを聞いて、それを写真に収め、「ここに撮っておいたから、また後で見られるよ」と伝えてあげることもひとつの方法です。子どももまた後でじっくり見ることができると思えば、その場を離れて次の行動に移りやすくなります。

私のスマホには、Ｓａｙａに「撮っておいて」と言われた謎の写真や動画がたくさんあります。

こんなふうになりたい！　ロンドンで出会ったマダムの接し方

Ｓａｙａのナーサリー時代の帰り道のことです。仲のいいお友だちとふたりで、車の下に逃げ込んだ想像上のユニコーンをずっと探し続けていました。ユニコーンの鳴き声を真似しながら、ふたりで相談をし、どうやったら怯えたユニコーンが出てくるのか試行錯誤していました。

道路に寝そべるので制服は汚れますし、お世辞にもお行儀がいいとは言えません。でもその時間はかけがえがなく、その日、そのときにだけ開いた空想の世界であり、私にそのドアを閉じる権利はありません。

ちょうどそのとき、買い物袋を抱えた品のいいマダムが通りかかり、「あなたたちなにをしているの?」と優しい笑顔で尋ねました。子どもたちは「ユニコーンが車の下に隠れちゃって、出てこないの」と答えました。するとそのマダムが、なんと買い物袋の中にあったポップコーンの袋を開け、ふたりの手にのせたのです。

「ユニコーンはポップコーンが大好きなのよ。これで呼んでみたら?」と。

この日の出来事を私は忘れないでしょう。こういうふうに育児をしたいと強く思った瞬間でした。

「タイガーマザー」と「ヘリコプター・ペアレント」

渡英した当時、Ｓａｙａは2歳、息子は8歳でした。息子は昔から自立が早いしっかり者。自らの希望でボーディングスクールを選択し、猛勉強の末、無事合格できました。私が初めてボーディングスクールに在籍したのは14歳でしたが、まさか息子がわずか8歳で同じ決断をするとは思いませんでした。私たちはロンドンに住み、息子は１００キロ離れたオックスフォードで寮生活をスタート。２週間に一度、週末のみロンドンに帰ってきて1泊してはまた寮へ戻る日々でした。

オックスフォードのボーディングスクールは元々、オックスフォード大学の教授の子どもたちが通えるように作られたため、大学の敷地の一部を使った広大な土地にあります。テニスコートが20面、寮が6つ、インドアプールもあり、放課後の選択授業では乗馬やクリケット、ゴルフ、さまざまな楽器を選んで学ぶこともできます。

学校の敷地内には300メートルもの川が流れ、体育の授業でカヌーを漕ぐこともありました。環境は素晴らしく、息子にとっても人生の基盤となる数年間でした。

初めての保護者会で、校長先生が冗談まじりにとても印象に残る話をしてくださいました。「本校に通う一番のメリットはなんだと思いますか？　それはタイガーマザーや、ヘリコプター・ペアレントから離れて暮らせることです！」と。会場内には笑いと拍手が起こり、一気に場が和んだことを鮮明に覚えています。

「タイガーマザー」や「ヘリコプター・ペアレント」はどちらも日本語だと過干渉や過保護な親に近いニュアンスだと思われがちですが、違いがあります。

「タイガーマザー」とは、直訳だとトラのような母親。子どもの意思を確認することなく、自分の価値観でどんどん物事を決めてしまい、子どもが失敗することを許しません。いわゆる教育ママタイプな上、期待値がとても高く、子どもをなかなか客観的に見られない。子どもの成功は自分の勲章だと勘違いしてしまい、子どもに必要以上のプレッシャーをかけ続けます。これは勉強に関するたとえだけでなく、スポーツや音楽にも当てはまります。

「ヘリコプター・ペアレント」はとにかく過保護。まるで上空を旋回するヘリコプターのごとく、常に子どものそばで管理、干渉し続ける親のこと。子どもを甘やかし、子どもに挫折感や不安、辛さを味わわせないよう先回りをし、転ばぬ先の杖になり続けるタイプ。子離れできず、自立をさせない、子どもの成長に親がついていけず、親が脳内をアップデートできない人を指します。

要するに、保護者会で校長が言いたかったことは「ボーディングスクールにはうるさい母親がいないから子どもは成長するよ!」というジョーク。このひと言で子どもをボーディングスクールに入れたことに対する親の後悔や罪悪感、これが本当に正しい決断だったのかなどの迷いが吹き飛びました。まさに言い得て妙、1本取られたなと思った瞬間でした。

ちなみに、「モンペ(モンスターペアレンツ)」は和製英語なので、海外では通じません。比喩表現ではなく、リアルにモンスターみたいな親だと思われるので注意しましょう。

子どもこそ、本物のアートに触れよう

美術館ってつまらない？　家族で楽しめる過ごし方

子どもの想像力を豊かにし、感性を磨くためには、幼いころから本物に触れる機会を作るのがいいとよくいわれます。

特にイギリスでは、子どもも観ることができるコンサートやオペラ、バレエ、ミュージカル、演劇などが多く、芸術がとても身近でした。

イギリスの王立バレエ団「ロイヤル・バレエ」には、子どもだけが観賞できる日があります。ロンドン中部にある演劇を中心とした「ロイヤル・アルバート・ホール」には、演劇と会場の裏側を見せるツアーをセットにしたチケットがあり、子どもたちに大人気でした。

子どもたちの習い事として演劇が人気だからか、観劇のハードルが低く、映画に行くような感覚。特にクリスマスの時季は子ども向けの演目が多くなります。

「今年、『くるみ割り人形』もう観た?」

「学校帰りにみんなで一緒に行こうよ」

と忙しくなります。子どもが入れる演目は、上演中のおしゃべりも飲食も大丈夫なので、子どもたちもリラックス。小さい子がちょっと歩いても誰も気にしません。

演劇やコンサートだけでなく、美術館も同じです。幼稚園や小学校の遠足の定番は、イギリスの国立近現代美術館「テート・モダン」。おもしろいのは、子どもたちだけで行くと同じ絵を見ていてもそれぞれの感じ方が違うこと。また美術館? またお城? と言いたくなるほど、学校の課外授業は美術館とお城めぐりばかりでした!

歴史的に有名なお城もたくさんあり、一般客が入れない部屋などにも入れてもらえるとのことで、今考えるとなかなか贅沢な遠足ですよね。

ロンドンの学校の遠足で美術館に行った後、作文を書きました。その作文は決して

「今日は遠足で美術館に行きました」と書くのではなく、その日に見た絵の中から一枚を選び、その絵についてストーリーを作るというもの。感想ではありません、お話を作るのです。その絵を盗んだ怪盗の話でもいいし、その絵の奥に描かれている男性がパティシエになる話でもいい。どの絵がどう印象に残っていて、なにを感じ取ったか。正解なんて全くない作文、というか、なにを書いても大正解のはなまるですね！

もし子どもと美術館に行くなら、歴史的背景や知識を最初から教え込むのではなく、なにも知らせないまま子どもにその絵についての感想を聞いてみてください。どれが一番好きなのか。寒そう？　暑そう？　この人は何歳くらいで、お仕事はなにをしているんだろう？　この湖にはなにが住んでいて、なぜこの色なんだろうね。そんな会話をしながら、好きな一枚を見つけて、お話作りをするのも楽しいですよ。全く違う絵を次々に見ながら、絵本のページをめくるように、お話を続けていくのもオススメです。もちろん正解はありません。あるのはその子だけの感性と思考力のみです。

興味を持つものは子ども自身が知っている

多くの親は、子どもに好奇心や興味、豊かな感性を持ってほしいと思うのではないでしょうか。ただ、親が希望するものに子どもが興味を持つとは限りません。

そもそも親子といっても一人ひとり違う人間。興味を持つものが違っていて当たり前。**優先すべきは子どもの感覚であり、自分とは違っていても、それを寛容に受け入れ、その子の興味や感性をリスペクトすべきです。**

例えば動物園に一緒に出かけたとき。親としてはついゾウやライオンなど、メインの動物を見てほしいと思うもの。でも、子どもの興味はそれぞれ。

ゾウのエリアに行っても、柵のところにいた昆虫のほうに目がいき、興味を示す子どもだっています。せっかく来たのだから、ゾウを見てほしいと思うのは親の勝手な都合ですね。そこにいた昆虫をまずじっくり観察し、わからなければ家で調べてもいいですし、もしかしたら新種の大発見になるかもしれませんよね！

自由な発想を狭めてしまう、間違いだらけの「声かけ」

アリの行列を見ている子どもに対して、

「食べ物を運んでいるんだね」

「巣に向かって進んでいるのかな」

「女王アリはどれだろう?」

などと声をかけたくなることはありませんか。

親は、自分が知っていることを子どもに教えたいと思い、教育のために声をかけます。でも子どもはそんなことには興味がなく、全く違うことを考えているかもしれません。

例えばそれぞれのアリの色の違いや、アリが運んでいる食べ物についてなどです。

そんなときに**親が声をかけることで、その子が抱いている興味や好奇心の方向を変えてしまう可能性がある**のではないでしょうか。だから私は子どもから話しかけてくる、もしくは子どもが自発的にその場を離れるのを待ちます。いい機会なのでその時間は本を広げたり、仕事のメールに返信したり、座る場所を見つけてコーヒーを飲むなどして、ふと訪れた「暇」という名の優雅な時間を楽しんでいます。

私は以前、セミの羽化待ちで6時間ほど公園のベンチで静かにひとりで座っていたことがありました。そのとき、息子の集中力を最終的に切らせたのは空腹という大敵でした! もし時間に制限があって声をかけなければならなかったとしても、できるだけ子どもが満足し、自らその場を立ち去るタイミングを狙ってみてください。

大切なのは「教える」ではなく「応える」こと

大人として「教えてあげる」という構図になりがちな声かけはしないほうがいいと思いますが、子どもが「なんで?」と聞いてきたときには、それに全力で応えたいと思っています。

2歳から6歳くらいまでは、「なぜなぜ期」や「質問期」と呼ばれるくらい、いろいろなことについて「なんで、なんで？」と聞いてくる時期。しかも、一度答えても何度も同じことを聞いてきます。実際、私も忙しいときについ適当な返事をしてしまったことがありました。

息子が生まれたとき、私は母から大事なアドバイスをもらいました。

「この子が2歳くらいになると、きっとたくさん『なんで？』と聞いてくると思うけど、すべて一緒に考えて、答えなさい。わからなければ子どもが寝てから調べて、次の日には必ずそのことについて話し合いができるようにしなさい。ママもそうやってあなたを育てたのよ」

私が子どものころにはインターネットさえなかったので、きっと母は私や姉が寝静まった後に、辞書や図鑑で私たちの「なんで？」を調べてくれていたのでしょう。フルタイムで働き、毎日19時ごろ帰宅、急いで夕飯を作り、片づけをし、翌日の準備をし、とても疲れていたと思いますが、それでも幼い私の「なんで？」を大切にしてくれました。

だから私も子どもの「なんで?」には、しっかりと向き合いたいと思っています。ここでも大切にしたいのが、子どもの「なんで?」への共感です。「教えてあげる」という姿勢ではなく、確かに不思議だね、一緒に答えを探そう、なぜなのか考えてみよう、と疑問そのものを楽しんでみましょう。親だからといって正解を知っているとは限らないし、正解がない問いだって世の中にはたくさんあります。でも不思議だと思う気持ち、そこに疑問を持つことから好奇心は生まれ、いつかそれが大きなpassion(情熱)となります。「なぜなぜ期」は地面に大きく強く根っこを張る時期。たくさんの栄養を吸い上げ、暖かいお日さまに当たり、いずれ情熱やイノベーションといった大きな実をつける前の準備段階です。

子どもは意外なところから不思議を見つけてきます。Ｓａｙａからの「なんで?」は今でもあって、「なんで市販のマヨネーズは分離しないのか」「なんで外国の本の紙は、日本の本と違ってごわごわしていて茶色いのか」などと聞いてきます。

そんなときは、まず「確かに！ 不思議だね」「おもしろいことに気づいたね」「あなたはどう思う？」と返事をします。その後は一緒に調べることもありますし、子どもが自分から調べていることもあります。

「なんで？」は物事が存在する意味など本質的な部分を知ろうとする欲求なのだそうです。深く考える、ロジカルな視点で自然界を観察する、そのためにも子どもの「なんで？」は大切にしたいです。

円周率はどうして生まれた？

「ロジカルな視点で自然界を観察する」ことのたとえとして、ここで余談です。私が数学や物理に恋し始めたのは16歳のころ、きっかけは高校のおじいちゃん先生、Mr．グリーンでした。それまで「円周率」とは、円の直径に対する円周の長さを求めるためにある、魔法のような便利な値だと教えられていたし、私もそう信じていました。でもグリーン先生が円周率の話を始めたとき、私は数学がどこまで日々の生活に影響しているのか、自然界とどんな関係があるのかを知り、一気に話に引き込まれました。円周率を最初に研究したのは古代ギリシャの数学者アルキメデスだったといわれています。

では、**なぜアルキメデスは円周率を求めようと思ったのでしょう?**

答えは簡単、知りたかったから! 身の回りの滑車や車輪、転がるものを見て、興味を抱いたのだそうです。このアルキメデスの「なんで?」がなければ、自動車のタイヤも、観覧車もスペースシャトルも、生まれなかったかもしれません。

序章で、私が大学4年生のときに臨んだ数学の試験の話をしました。数学は計算や算数と違い、まだまだ答えが定まっていない分野がたくさん残っています。例えば先ほどの円周率、3・14ではないことは知っている方も多いと思います。無限に続くという説も聞いたことがあると思いますが、すごいのはここからです。円周率の数の並びには規則性があるのか、それとも不規則なのか、これは未だ解明できていないのです！　２０２２年についに１００兆桁目まで計算されたというニュースを読み、私は亡くなったグリーン先生を真っ先に思い浮かべました。雪の結晶の角度も、植物の葉のつき方も、パイナップルの模様も、モーツァルトの音楽も、数学を使って表すことができます。高校の数学の授業があったからこそ、私は「ロジカルな視点で自然界を観察する」ことに興味を持ち、数学を使った仕事に就き、子育てにまで応用できています。小さな好奇心がきっかけとなり、人生も枝分かれしていくのですね。

がんばりすぎないくらいが、ちょうどいい

２０１９年の夏に帰国し、日本の幼稚園でお弁当生活が始まりました。Ｓａｙａはすでに年長だったので、初めてかつ、半年間だけの幼稚園生活。このお弁当生活がなかなか大変。帰国疲れが一気に出始めたころでもありました。

「幼稚園のお弁当」みたいなタイトルのレシピ本を数冊買って、読んでびっくり。入れるものは、日々違う味付けのごはん、色鮮やかで栄養満点の手作りおかず2〜3品と、きれいに皮の剝かれたフルーツ。タンパク質、繊維質、炭水化物の見事な黄金バランス。しかも彩りまで気にして、できれば5色、ベストは7色と書いてあるではありませんか！　おまけに詰め方まで順番があり、レタスがペルシャ絨毯のごとく、全体のゴージャス感を作り上げています。

今までイギリスやアメリカで作ってきたお弁当は、サンドイッチとチーズ、生ニンジン。クラスの隣の子を見てもやっぱり、チーズだけのサンドイッチに、丸ごとのリンゴとポテトチップス。どこを見渡しても、教室にはシンプルなサンドイッチと買ってきただけのチーズやスナックが並ぶだけです。お弁当箱も食品保存容器のような箱型で仕切りがあるタイプなので、いくら揺らしても中身が片寄る心配はありませんでした。

娘の大好物はピーナツバターとジャムのサンドイッチ、それでも立派なお弁当だったのです。ＳＮＳでキャラ弁を見るたびにショックを受け、完璧な日本のお弁当にコンプレックスを抱くようになりました。

今もしお弁当疲れしている方や、共感している方がいたら、「海外のお弁当」で画像検索してみてください。笑っちゃうほどにシンプルで無駄がなく、日本に比べると栄養素も心配になるくらいざっくりとしています。でも海外の子どもたちも立派に成長しているので、心配ないのでしょう！　心にも時間にも余裕がない日は、レトルトカレー、冷凍食品、お惣菜のフル活用で問題ありません。

イギリスで仲良くなったママたちは、いい意味でたくさんのヘルプを上手く使って生活をしていました。ワーキングマザーも多く、自分の時間を作って、夜もお出かけ。それでも子どもは愛情たっぷりに育つし、夫婦関係も良好、大好きなキャリアと大好きな家庭のバランスの取り方が絶妙でした。

日本のお母さんたちは、確実にがんばりすぎ。もっと手を抜いて、肩の力を抜いて、今までの常識を自ら破り、古き良き良妻賢母から遠ざかる勇気を持っていいと強く思います！

イギリスのおやつは生ニンジン。食べ物の好き嫌いは国それぞれ

食事に関してもうひとつ思っているのが、「子どもがニンジンやグリーンピースが嫌いなのはなぜ?」ということ。

日本の幼児番組などでは、ニンジンやピーマン、グリーンピースなどは子どもが嫌いな野菜の定番として出てきて、それを食べられたら「偉いね」とママが褒めてくれる、そんなシーンがけっこうあります。歌に合わせて踊っている嫌われ者のピーマン、見たことありませんか?

イギリスで出会った子どもたちは、みんなニンジンやグリーンピースが大好き。生ニンジンや、セロリなどの野菜スティックはお弁当の定番のおかず。フムスと呼ばれ

るひよこ豆のペーストをつけて食べる、キッズランチには欠かせない一品です。お誕生日パーティーにも必ず出ていて、みんなポリポリと美味しそうに食べています。

そもそも、大人と子どもが食べるものをそこまで分けないので、幼いころから大人の味覚に慣れていくのでしょうか。もちろん遺伝や体質も影響するとは思いますが、できれば偏食はなくしたいと願うのが親心。

もしピーマンを食べられたから偉い、ニンジンやトマト、ネギが食べられたらすごい、そう最初から教えられたら、子どもだって「まずいもの」として認識するのではないでしょうか。料理を取り分けるときに、子どもが好きじゃなさそうなものを避けてしまったら、食わず嫌いになって当然。

子どもはハンバーグが好き、ナポリタンが好き、カレーが好き、それは親や教育が作った固定観念かもしれません。

実際に私の母は昔からギリシャ料理やペルシャ料理を作っていて、私と姉はどんなスパイスもB級グルメも大好き。アレルギー食材以外に食べられないものはありません。食への興味も旺盛で、美味しいものを食べることが生き甲斐です! それだけで海外に行っても生活しやすいですし、なにより人生が豊かになります。同じように私もふたりの子どもにさまざまなものを食べさせています。今のところ、苦いものや辛いもの以外の食べ物の好き嫌いはほぼなし、新しい食べ物にチャレンジすることが大好きで、スーパーに一緒に行ってはめずらしい食材を探すことが日課となっています。最近ではピータン、ミノ、春菊、パクチー麺、ナツメなどを試しました。

ジェノベーゼはイギリスの子どもに大人気のメニュー。グリーンピースは炭水化物の代わりになるくらい食べるし、ラム肉もクスクスも好んで食べます。おやつといえばレーズン、アイスクリームの代表的な人気味はCookie Dough(クッキードウ)、焼く前のクッキー生地の味です! 好き嫌いを大人が作ってしまう前に、いろいろな食べ物にトライしてみてほしいと思います。

「寝かしつけ」＝愛情表現とは限らない

食べ物の好き嫌いの他に、「寝かしつけ」や「添い寝」についても欧米のやり方を真似たほうが圧倒的に親の負担が減ると感じることがあります。乳幼児のころは特に子どもの睡眠スケジュールに合わせるのは本当に大変。誰もが睡眠不足になり、頭は朦《もう》朧《ろう》とし、自分も一緒に寝てしまって夜中に起きては自己嫌悪。キッチンにたまった汚れた食器が目に入り、明日の準備をしながら焦った経験は親なら誰にでもあるのではないでしょうか。

私自身、寝かしつけはほとんどしていません。息子が生後3か月で仕事復帰したこともあり、とにかく自分のメンタルを良好に保ち、睡眠を確保しようといろいろなリサーチをしました。欧米では乳幼児から母子別室で寝ることを知り、アメリカ人、イギリス人、カナダ人の友人に聞いてみたところ、本当に母子別室、寝かしつけや添い寝なしの生活でした。もちろん夜中に泣いたら移動しますが、それでも子どもと一緒のベッドに寝たことは生後3か月以降ありません。ベッドで本を読むことはあっても、私はベッドに座り、子どもは寝ている状態。抱っこで寝かせることもしなかったし、添い乳もしませんでした。このことで母親の愛情が測れるのでしょうか? それはないと思います。日中、寝不足だからといってイライラすることもなく、生活にメリハリがつき、部屋もなんとかきれいに保てます。今はそのことを「セルフねんね」と呼んだりするようなので、ぜひ調べてみてください。もちろん子ども部屋があるかなど、家の広さや間取りによるところはあると思いますが、もし家に赤ちゃんがいるようなら、母子別室も選択肢に入れてみてくださいね。

イギリスに渡り、娘や息子の友だちの家に毎日のように遊びに行きました。イギリスでは3歳の子どもにも、必ず子ども部屋がありました。ときには地下だったり、ときには親の寝室と違う階だったり、まあまあ距離があったことにも驚きました。ベビーモニターはもちろんあるのですが、それとは別に信号のようなライトがあり、その信号は親が別室で赤を点灯させたり、緑を点灯させたりすることができます。子どもは19時ごろになるとひとりで子ども部屋に行き、15分ほどおもちゃで遊んだり、絵本を見たりします。その間は信号が緑になっています。寝る時間になると信号は赤に変わり、親が子ども部屋に下りてきて、おやすみのキスとハグをし、子ども部屋を後にします。子どもに「もう寝る時間」ということを意識させ、ルーティーンを作り、おやすみの儀式をすれば、子どもは自分で眠りにつきます。

また少しずつ暗くなるライトを使うのも効果的。本を読みながら、30分かけてだんだんと暗くなるので、いつの間にか寝てしまいます。

欧米のママ友が寝かしつけに苦労している話はあまり聞かないので、幼いうちに習慣づければ誰もが「セルフねんね」できるようになるのではないでしょうか。「添い寝」や「寝かしつけ」をするかしないかで愛情は変わりません。今までほとんど寝かしつけをしたことのない私が証明します。

ただ、ここで誤解してほしくないのが、寝かしつけが良くない、というつもりは全然ないということ。そのほうが楽という方は、素晴らしいと思います! ですが、親が寝かしつけにこだわるあまり、それがストレスになってしまっては、お互いにとって良くないのではないでしょうか。

赤ちゃんのころからひとりで寝ていた我が家の子どもたち。今では、寝る時間は自分だけの時間。「さあ、ここから好きなだけ本が読めるぞ」とばかりに、スキップでベッドに向かいます。

そうすると親も、子どもが部屋に寝に行った後の時間をゆっくりと楽しめますよ。

ママの名前はどこに消えた?

あなたは、いつもなんと呼ばれることが多いですか?

苗字や名前でしょうか? それとも「〇〇ちゃんママ」でしょうか?

私は、この「〇〇ちゃんママ」という呼び方が、ママを苦しくさせている気がします。私は「池澤摩耶」なのであって「Ｓａｙａのママ」としてだけ生きているわけではありません。周囲の人たちは、みんな「マヤさん」と呼んでくれます。会社も外資系だったので、同僚はＭａｙａ!!　と呼び捨てでした。

ところが、息子を産み、ママ友という新しいつながりができ、急に私は「〇〇くんママ」になりました。これが苦手でした。

「〇〇ちゃんママ」という呼び方には自分の名前はなく、ママになる前の人格を感じさせるものさえない気がしました。会社では自分がいて、肩書きがあり、「私」がいたことが誇らしく思えるという妙な心境でした。

これに共感する人も多いのではないでしょうか。

以前は自分の名前で働いていたのに、結婚して夫の苗字になり、子どもが生まれたら下の名前すら消えている。夫婦間でもお互いをパパ、ママと呼び合うのは日本独特。ボウリングに行ったとき、隣にいた家族のスコアボードをふと見たら、「パパ、ママ、〇〇くん」と書き込まれていてショックを受けました。親から生まれて最初に与えられた大切なギフトであるはずの、世界でひとつの名前が普通名詞に変わっている。

外国人の友人たちに、そう呼ぶ人はいませんし、この日本の呼び方にはかなりの違和感を持つようです。友人間、家族間、公的な苗字も含め、元の自分がなくなっていくような感覚。それも理由なのでしょうか。「子どもの成功が自分の成功」と勘違いするようになっていきます。すると受験は過熱し、習い事などの成果がわかりやすいものも、まるで自分が評価されているような気になり、ますます名前がなくなっていくのです。

子どもの成功は子ども自身の成功であって、ママの成功ではないはずです。

当たり前ですが、子どもと親は違う人間、違う性格、違う個性。子どもの成功は、親の勲章ではありません。だからみなさんも親になったからといって自分の名前をなくさないでください。

子どものコミュニケーション能力は砂場で育つ!?

子どもにとって「遊ぶ」ことは生活そのものです。ひとりで遊べばそれなりに工夫して遊びを思いつくし、集団であれば自分の立ち位置を考えて遊ぶ必要があります。そして子どもの遊びにつきものなのはケンカです。口争いから、叩いた、蹴った、まで日々ケンカをしながら成長することは確かですが、私たち親はどこまで介入すべきなのでしょうか。

世界各国の公園で子どもを遊ばせている公園マスターとしては（笑）、日本のママたちは介入するタイミングが最も早いと感じています。イギリスやアメリカの公園に子連れで行くと、「親はなにも注意しないの?」という状況を多く目にします。見守りなのか、放任なのか判断に困るくらい。しかし慣れてくると、子どもたちの世界に口出しをせず、見守る勇気が成長につながると思えるようになりました。

特に砂場は子どもの社会性を育てる最高の場所だと思います。落下や打撲など、怪我をするリスクが極めて少なく、ケンカになっても言い合い程度、また手にしているのもお砂場道具くらい。しかしそのお砂場道具をめぐって取り合いが起こり、それを返してほしい子がいて、使いたい子もいて、どちらの言い分にも理由があります。私は砂場でそんな子どもたちのやり取りを見ながら、「なんておもしろいんだ!!」とニヤニヤしてしまいます。

「かーしーてー」

「いーいーよー」

の定番のやり取りで砂場の平和が保てるならいいでしょう。ときには自分のおもちゃを了承なしに使われることもあるし、相手のを使ってしまうこともあります。使っていいか聞いているのにNOと言われたり、貸したおもちゃが返ってこなかったり。そんないざこざは砂場では日常茶飯事。驚くようなことではありません。

しかし、親がどこで介入するか、そのタイミングがポイントです。

「ママ、あの子が私のシャベル使ってる！」
「あの子と一緒ならもっと大きな山ができるだろうな」
「お水を運ぶのにあのバケツが欲しい」

こんなとき、私はギリギリまで介入しません。横目では見ていますが、なんとなく本を開いて見ていないふりをします。すると子どもはなんとか自分で問題を解決しようと、その小さく真新しい世界でコミュニケーションを取り始めます。自分の意思を伝える、相手の気持ちを理解する、交渉し、譲り、歩み寄る。砂場はコミュニケーション能力を高める素晴らしい場です。

親の過干渉や行きすぎた介入により、この機会を子どもから奪わないよう、ハラハラするかもしれませんが、そこはぐっとがまんです。

そして砂場ではアート思考も存分に使い、遊ぶことができます。砂と水、遊び方は無限にあります。砂が指の間をすり抜ける感覚、水を含ませてべちゃっとする様子、山に流れる水路。息子も娘も、砂場が大好きで、滞在時間が平気で5時間を超えることがよくありました。冬には防寒し、夏は日焼け止めを片手に、あと必要なのはシャベル1本、バケツひとつに、タオル。そして洋服が汚れることと、数時間そこで見守るだけの親の覚悟。

砂場こそ子どもにとって最高のアトリエであり、社会であり、集中力を切らさず遊べる場だと思います。しかもこの施設を楽しめるのは2~6歳くらいの数年間だけ!

成長に砂場を利用しない手はありませんね!

子育てはもっと気楽でいい!

ルール、ルール、またルール!

いつも海外から日本に戻ると目につくのは貼り紙の多さと、注意事項が流れ続けるような音声案内です。そのほとんどが「常識」の範囲内。そしてその「常識」がどんどん狭まり、自由がなくなり、子どもたちが楽しめる公園が減り、とにかくリスク回避の安全第一。私たちは、それを目にしないと自ら判断ができないのでしょうか。特に子どもが遊ぶ公園にどんどん注意書きが増えています！

・すべり台は上から滑りましょう。
・ボール遊びはやめましょう。
・夜9時以降は静かにしましょう。
・ブランコは順番に譲りましょう。
・犬のフンは持ち帰りましょう。

これらはほんの一部です。日本の遊具は次々にベンチに変わっている気がします。すべり台もブランコも低くなり、落ちる可能性のあるものは撤去。ひと言で言うと、日本の公園は一般的につまらない。もし海外旅行に行ったらぜひその土地の公園に遊びに行ってみてください！　子どもにとっては最高にワクワクする大きな遊具がたくさんありますよ！　そして貼り紙はほとんどありません。遊び方も、他の子との関わりも、社会での立ち居振る舞いも、失敗を含む経験から「自ら学んで」育てばいいと思います。子どもたちに大量のルールと貼り紙は必要ありません。そして病院、エレベーターでも、スーパーでも電車でも「静かにしましょう」と書かれていますが、これ、必要ですか?

「手をきれいに洗いましょう」「トイレはきれいに使いましょう」。子どもたちは自分で考え、判断する力を持っているので、私は不要な注意書きだと思います。そして単純に、昔の遊具が懐かしくなる瞬間があります!

「絵を描く」ことは、美しき枝分かれの繰り返し

私が今までの子育てや、人間関係、教育環境を通じて得た価値観が、この本を書く上でも軸となっています。イギリスで学んだこと、日本の教育から見えたことはもちろん、子どもたちを育てながら私自身も成長しました。

子どもを産んでから、私はさらに考え方がリベラルに、ボーダーレスになったと思います。白紙の状態で生まれる赤ちゃんが何色に輝くのか、成長しながらどれだけ自由に色を滲ませ、広げていけるのか。成長の過程で感じ取る多様性や、想像力、好奇心などがキーポイントとなるでしょう。まずはフラットなマインドを意識し、決して「親をなんだと思っているんだ！」という昔ながらの親マウントを取らないでください。人は30歳になっても、40歳になっても、50歳になっても、子どもから学ぶことがたくさんあります。


アート思考もこの心の柔軟性があるからこそ身につくのでしょう。

ある日、美大に通っている大学生からこんなメールをもらったことがありました。

「私もお絵かきが大好きで美大に入ったはずが、課題と提出物に追われ、いつの間にか描くことが義務に思えてきました。でもＳａｙａちゃんが大笑いしながら、テクニックにとらわれず自由に描く姿を見て、見失った自分を取り戻せた気がします。ありがとうございました！」

このメールを読み、私はまた大学時代にタイムトリップしました。私にも同じような経験がありました。あんなに数学が好きで勉強していたはずなのに、大学4年生になると点数を取ることだけが目的になり、数学の美学を忘れてしまいました。そんなとき、大学1年生の教授助手を引き受け、新入生の真っ直ぐ正面から数学を楽しもうとしている姿を見て、自分が失っていた情熱を取り戻しました。

アート思考も、数学も、作文も同じです。白紙の上で幾重にも枝分かれする正解のない問題を、どう楽しく解き進められるか。自分だけが満足すればいい、他人からの評価のためではなく、「よし、これで私の作品は完成だ！」と胸を張って筆やペンを置けるのか。アート思考に正解があるとすれば、それを知っているのは自分のみです。

「絵を描く」ことは、自らの思考力を最大限に活用することなのではないかと感じています。

真っ白な画用紙を前に置かれて、「なにか描いてみて」と言われたら、あなたはどんな絵を描くでしょうか？　すぐにイメージが湧くでしょうか。

なにを描こうか、どんな構図にしようか、どんな形や色にしようか？考えて、決めなければならないことはたくさんあります。しかもお手本はありません。自分の頭の中で、ゼロからなにかを生み出さなければなりません。

なにもないところに絵を描いていくことは、ときに苦しく、困難な作業です。

しかもすぐに思った通りに描ける人は少ないでしょう。

描いていくうちにも、失敗があったり、イメージと違う線になったり。ここはどう線を引くのか、どんな色を選ぶのか。分かれ道はいくつもあって、ひとつひとつ選択し、間違ったらまた戻る。その過程を繰り返して、絵はできていきます。

大人はいろいろな言い訳をして、最後まで絵を完成させないかもしれません。

「時間がもったいない」という最上級の逃げ言葉でマインドを逸らすのではないでしょうか。私は絵が描けません。画力が圧倒的に足りません、でもこれも逃げ言葉。

・Sayaも迷いがあるときは手が止まることもあります。
・その期間が10分間の場合もあれば、2週間のこともあります。
・脳と手が行き止まりに直面し、一時的に八方塞がりになっているのでしょう。

そのときのSayaの表情は困った様子もなく、まるで将棋の棋士が次の一手を考えているような感じです。心を静め、頭の中の小さな引き出しをすべて開け、たった数年の経験値をフル活用し、アイデアが湧き、手が動くのを待っています。その次の一手が筆ではなく、水風船だったり、フォークだったり、バネだったりするわけです。

そうやって試行錯誤のプロセスを楽しみながら、解決への新しい道を探し、まるでスキップしながら次の分かれ道に飛び込むように、先に進んでいきます。

そして、新しい道を見つけるための引き出しが、読書や映画、自然の観察、砂場遊び、秘密基地タイムなど発想を豊かにしてくれるインプットのための時間なのです。

トライアル&エラーの先にある、その子の「正解」

私は生粋の理系。数学（幾何学）と物理を学び、計量経済学やプログラミングも齧《かじ》りました。就職してからは外資系投資銀行でトレーダーとして、何百億円を超えるような額面の国債、金利が0・001％単位で生き物のように動くマーケットを追っていました。日々たくさんのモニターや数字に囲まれた仕事でした。

数学は、正解のない問い（これまで誰も解き明かしていない定理など）について、思考を深める学問だと思います。

三角形の面積は底辺×高さ÷2なのですが、それを球体に貼り付けるとその公式では面積が求められなくなります。

これまで正解だったことも、状況が変われば正解ではなくなる。

それが数学の世界です。

ですから、問題を解いて行き詰まったら、違う展開の方向を考えます。この方向は違ったからここまで戻って、こちらを試してみよう、ということを繰り返し、徹底的に追求するのが数学。つまずいては戻り、またつまずいては戻りの繰り返しです。

絵の世界も似ています。

ここまで描いたけれど、ここからは違う一手を考えたほうが、自分の描きたいものになる。完成するまでには、そんな分岐点が何百もあるようです。Ｓａｙａを見ていると、その新しい世界へ分岐する瞬間を楽しんでいるように見えます。

絵や作文、スポーツでも大切なのは、トライアル＆エラーを繰り返すこと。その先には、その人なりの「正解」が生まれるはずです。

その間、私から「なんで描かないの?」とは聞きませんでしたし、Ｓａｙａから相談を受けることもありません。

行き詰まることは、それを打破することができるという経験にもなるので、あったほうがいいと思います。なにも困難がない道を歩いている子は、乗り越える力がつきません。そしてその困難は、こなすべきタスクの量のことではありません。

もしも、子どもが行き詰まっているのを見かけたときには、声をかけずに見守ってほしいと思います。


集中し、トライアル&エラーの過程を楽しむことができれば、たとえハードルが高くてもきっと乗り越えることができると思います。そして、その経験がきっと子どもの自信と力になります。

もちろん、子どもが相談してきたときには、しっかりと話を聞き、いくらでも議論しましょう。行き詰まりの突破口になるかもしれませんよ。そして、もしそのプロセスを乗り越えようと精一杯がんばっているなら、結果が出ても出なくても「ひとつのケーキ」です。

成長の過程で大切なのは、大輪の花ではなく、見えないところで力強く伸びる根っこ。「根っこにおめでとう!」です。

CHAPTER.4

第4章

受験に必要なのは「想像力」と「好奇心」

小学校受験は子どものためになる？

序章でお話しした、チェダー君の話を覚えているでしょうか。

月の満ち欠けがなぜ起こるのかを考えたとき、「ネズミのチェダー君が、大きなチーズだと思って食べちゃったのかな？」と子どもが答えたらどうでしょう？　これが正解になり得るのが小学校受験、0点になるのがそれ以降の受験です。

私はその答えが正解になるような受験が素敵だと思ったし、そんな問題を作る先生方に子どもを預けたいと思いました。

ここでひとつ問題です。


【問】ゆきがとけたら、なにになりますか？

理科的な正解は水。

ところが、小学校受験で輝くような答えは「春」かもしれませんね。

もちろん小学校の先生全員がその答えを正解にするとは限りません。でも私の考えとしては、その答えを減点するような学校は我が家には合いません。小学校受験の結果は「ご縁があった」「ご縁がなかった」と表現することがありますが、まさにその通りなのでしょう。

次の問いも、小学校受験で実際に出るものです。

「見たこともない動物を描いてみよう」
「このお話の続きを工作で作ってみよう」
「もし魔法が使えたら、なにをしたい？」

答えはひとつではなく、子どもの素直さ、想像力、それまでの好奇心の積み重ねにより無限にあります。

私は実際に子どもたちの小学校受験を終え、素晴らしい経験になったと思いました。知識詰め込みの暗記ではなく、学ぶ内容は常識の範囲内であり、知っていて損はない。知育や早期教育と呼んでしまえばそうですが、それ以上に学び多き親子の貴重な時間となりました。

これはアート思考とも通ずるところがありますし、お受験をする方も、全く考えていない方も、なかなかおもしろい世界なので少しご紹介しますね。

小学校受験は関東や関西のごく一部を中心に繰り広げられる異様な世界。

その世界はあまりにも小さくマニアックなのに、一歩足を踏み入れると沼のようにハマるのです。

厳しく、ときに理不尽で大変な思いをしてまで、なぜ親は子どもに受験をさせるのでしょうか。

答えは簡単。自分の子どもが誰よりもかわいく、輝いていて、選ばれて当然だと思っているからです。

これはある意味、学校の学芸会のオーディションや、バレエの配役決めに似ているのかもしれません。もしも、審査基準が「輝いている子が選ばれる」となっていたのなら、「まさにうちの子だわ！」と飛びつく勢いこそが危ない思想です。

親にとっては当たり前の考え方なのですが、第3章でお話ししたタイガーマザーとヘリコプター・ペアレントの深層心理が順番に現れ、加熱した親ばかマインドが色濃く炸裂してしまうのです。

どうしても私情が切り離せない、せっかくすべてをプランニングしても心がなかなかその通りに動かない、それがお受験の難しいところです。そして楽しくがんばり甲斐のあるところでもあります。

私は今まで息子と娘それぞれの幼稚園・小学校の受験を経験しました。その間に海外駐在もあり、日本と海外でシステムの違う受験を4回ほど経験しました。そのような状況でも、すべての第一志望だけでなく、それ以外の学校からも多くの合格をいただきました。

これは自慢やマウンティングをしているわけではありません。ましてや子どもが元から優秀だったわけでもなく、細かい分析から得た戦略と努力の結果です。

では超理系、公立育ちで帰国子女の私がどう受験を分析し攻略したのかを具体的にお話しします。受験をしない方にとっても、日々の学校生活や進路を決める上で、子育てを客観視するいい機会になると思います。

求められるのは「相対評価」ではなく「絶対評価」

偏差値表はナンセンス！　上も下も関係ない

ここで、小学校の偏差値について考えてみましょう。

とある大手お受験教室が毎年出す偏差値表。この偏差値表ほど算出方法が不明で、ナンセンスなものはありません。

例えばこの表の偏差値46の学校に不合格でも、偏差値62の学校には合格した。

それが小学校受験です。子どもには筆記試験だけでは計れない要素がたくさんあります。そこを見抜き、見抜かれ、親子で模索しながら、なかなか見えないゴールに突き進むのです。

では筆記試験以外にどんな要素があり、なにをどう磨いていけばいいのかを考えてみましょう。

中学校受験のように、偏差値表の上が御三家だから、その順番に制覇するぞ〜！と考えている方がいたら、止めたほうがいいでしょう。全く違う校風で、全く違う準備、違う子を求めているので、受かるわけがありません。

偏差値とは違う次元の合格が「ご縁」と呼ばれる不明瞭な世界です。いいように捉えると、偏差値が低くとも、ご縁、相性、適性でどの難易度の学校にも合格することができます。中学校受験とは全く別物。適性を見極めて、表面上の倍率にはとらわれすぎないようにしてください。

小学校受験はある意味「絶対評価」です。相対評価だと思われがちなペーパー重視校でも、ペーパーのミスを補うだけの魅力があれば、挽回のチャンスがあります。でもこの「絶対評価」の基準が曖昧で、学校や先生との相性に頼る部分が多いのも確かです。だから受験者も学校側も相思相愛、第一志望同士で選び合えたらもちろんベストでしょうね。

志望校すべてに合格した お受験突破の秘密の3か条

3か条その1 ノイズを断ちきる者が受験を制す

井戸端会議は時間の無駄。一匹オオカミも悪くない受験をする際に最も大切なメッセージ、それは「ノイズを断ちきろう！」です。

私がノイズと呼ぶのは、噂話です。

要するに「〇〇らしい」で話が続くことです。

ネットの掲示板、受験生の親同士の情報交換に正確な情報はないと思ってください。結局はマウンティング大会となり、足をすくわれる可能性さえあります。もちろんあなたからも曖昧な情報を与えないでください。その情報のせいで不合格となった、そんな話が必ず出てきますので。

今どきのイヤフォンは1000円のものでもノイズキャンセリング機能がついています。それと同じ。「〇〇らしい」という噂話は自動的にシャットアウトしましょう。

具体的に話すと、特に小学校のお受験界では毎年こんな内容が出てきます。

・銀座のあの店のワンピースだと受かるらしい。
・〇〇さんは受験校に事前に300万円寄付したらしい。

・昨年のあの子は鉛筆を落としたから不合格になったらしい。

例を挙げるとキリがないのですが、**すべて親たちの焦り、苛立ち、不安から生まれた全く意味のないノイズです。**でも自分自身が切羽詰まってくると、こんな情報さえ自分の中で脚色し、納得してしまいます。

私が絶対に避けるべきだと思うのは、名付けて「水晶玉おばさん」です。30年前の受験常識を未だに持ち出し、この子はあの学校の顔だ！　あの学校の制服が似合う！　などと外見のみで志望校を勝手に決めようとする、全く根拠のないおせっかいな人の話には耳を傾けないでおきましょう。これこそノイズです。

大切なのは、ノイズから得られる情報の重要さよりも母親の健全なメンタル。そして子どもの笑顔です。この時期ばかりは、一匹オオカミも悪くないですよ。

3か条その2

子どもは親のために受験をする

「がんばって」じゃなくて「一緒にがんばろう！」

毎日ペーパー問題をやらされて、好きなサッカーも止めさせられて、受験のために週4〜5日のペースで塾に通う日々が始まると、子どもの気持ちとしては、こんなのやってられない!! です。もう嫌だ！ お母さんは鬼になるし、「あの子のほうがよくできる」「それなのにあなたは……」そんなこと言われても、知ったこっちゃない。テレビ見放題だった平穏な日々を返して!! と思うことに。当然ですよね、子どもにとっては酷な話です。

では、そんななか、どうやって子どものモチベーションをキープし、二人三脚でゴールを目指せばいいのでしょうか。

親でさえそれぞれの学校の違いを見極めるのに苦労するのに、子どもが各校の違いなんてわかるわけがないんです。一緒に学校を見学に行っても、ブランコがたくさんあるほうがいいし、ちょっと優しい上級生がいたら決め手は「そこ!」になって当たり前。結局はよくわからないから、親が選んだ学校に入ろうと精一杯がんばる。

本当はもっと友だちと外で遊びたいのになぜ子どもは毎日努力するのでしょうか?

ここには見落としてはいけない事実がひとつ。

子どもは親を喜ばせるためにがんばるのです。

なんだかわからないけど、親が喜ぶから受験するのです。

「お母さんのため」以外に立派な動機なんて子どもにはありません。それが子どもの全世界だからです。

お母さんが鬼の形相に変わって、自分のことを怒鳴るのは嫌なんです。小さな手で、覚えたての言葉で、生まれてまだ5年しか生きていないのに、お母さんを喜ばせようと必死なのです。

だからときどき言ってあげてください。「一緒にがんばろう！」って。それだけで十分です。

ハサミひとつで人生が決まるわけじゃない

もうひとつ覚えていてほしいこと。

それは、子どもは自分とは違うということ。自分と同じようには考えられないし、動けないし、別の人格の持ち主です。

特に小学校受験が「親の受験」といわれるのは8割本当だと思います。でも残りの2割は親子のチームワークがものをいいます。

例に挙げるならハサミ。なんで上手く丸が切れないの？　ギザギザなの？　何回も練習しているのに！　イライラ!!

それは子どもより30年ほど長く生きている自分と比較しているから。3歳なら5枚、4歳なら4枚、5歳なら3枚の軍手を大人が重ねてつけているのと同じくらい手が動かないんですって。自分とは違う。大人とは違う。
子どもは全力でがんばっている、大人は全力で怒っている。
そんなのフェアじゃない！　もしもそう感じることがあったら深呼吸をしてください。人生がここで決まるわけじゃありません。

3か条その3
知的好奇心を味方につけよう

輝く子どもたちがたくさん集まる受験で頭ひとつ抜けるためにできることはなんでしょうか。日ごろの積み重ねから習得できるテクニックには、そこまで違いが見られないかもしれません。それ以外にぜひ試してほしい輝かせ方があります。

それは、子どもをオタクに近い博士にすることです。

「知的好奇心」とはお受験においてとても便利な言葉です。

でも願書にただ、「知的好奇心が旺盛で」と書いたところで、なんの証明にもなりません。どう裏付けるのか、そこが子ども博士の誕生秘話なのです。

「好きな生き物はなんですか？　どうして好きなのですか？」という質問にはどう答えるのがいいでしょうか。

Aちゃん「リス！　だってかわいいから」

Bくん「僕はバショウカジキが大好きです！　バショウカジキは3メートルもあって大きな背びれもついています。その背びれが船のマストみたいですごくかっこいいと思います！」

これが子ども博士のなせる業です。虫博士、肉食動物博士、ハムスターの飼い主程度ではまだまだ甘い。もっと特殊で、自分だけしか知らない、裏を返すと自分が一番詳しくて自信を持って話せるなにかを見つけましょう。それがいわゆる「勝負ネタ」となり、面接でも、お絵かきでも、ちょっとした会話でも、願書でもかなり便利です。

将来の夢はたくさんの「なんで?」で導く

小学校受験の面接では「大きくなったらなにになりたいか」もスルーできない質問です。でもここでは背伸びしなくていいと思います。年相応の答えでいいので、とにかく親子で、「なんで」それになりたいのかを掘り下げ、しっかりと理由付けできればいいのです。

最初から公務員、銀行員、弁護士になりたい子どもはあまりいないと思います。医者、パイロット、獣医師、警察官あたりは「人を助けたい」「人の役に立ちたい」という理由に結びつけやすく、よく出てくる答えだと思います。でもケーキ屋さん、お花屋さん、ピザ屋さんでもいいと思います。私は個人的に、なりたいものが本の登場人物や、アニメのキャラクターでも変えさせる必要はないと思いますが、賛否両論があるのもわかります。ちなみに、私が子どものころは「ブドウ」になりたかったです(笑)。

子どもに将来の夢があるのに、それを無理に親が変えることはやめておきましょう。

「なんで？」「どうして？」の問いかけをやめない

博士ネタ、将来の夢にも通じるのですが、ここからは苦しいけれど自問自答する必要があります。すべての考えに必ず「なんで？」をつけて、理由を掘り下げて明確に考えましょう。

子どもに「なんでライオンはかっこいいのか？」「なんでハンバーグが好きなのか？」と尋ねても最初のうちは「そんなの好きだからだよ！　知らないよ!!」となって当然です。少しずつ自分を追い込み、思考力を高め、難しい問いにも挑戦し、頭でっかちではなく心で答えられるように準備していきましょう。

これは親に対しても同じことが言えます。「なんでこの学校を受験するのか？」「なんで我が子が選ばれるべきなのか？」「なんで英語を習わせてきたのか？」「なんでこの学校の情操教育に賛同するのか？」。考えるのが嫌になったときは、夫婦で相談。目からウロコな考え方がパートナーから出てくるかもしれません。

ちなみに、Ｓａｙａの夢はピザ屋さんになること。

では「なんで？」シリーズでどうこの夢について深掘りするのか、例を出して説明しましょう。尋問にならないように、散歩しながら楽しく話し合うのがポイントです。

・ピザ屋さんになりたい。⬇なんで？
・ピザが好きだから。⬇ピザのどんなところが好き？
・あつあつでチーズが溶けているところ。⬇そのピザを誰と食べたい？
・みんなと食べたい。⬇どうしてみんなと食べたいの？
・みんなで食べたらもっと美味しく感じるから。⬇どんなピザが食べたい？
・私のオリジナルのブルーベリーとチョコのピザ！　お店の壁に絵を描いて、椅子はブランコにする！

ここまでの意見をまとめると、

「私はあつあつのピザが大好きだから、オリジナルのブルーベリーとチョコのピザを出すピザ屋さんになりたいです。みんなに美味しく食べてもらいたいです。壁には私が大きな絵を描いて、お客さんはブランコの椅子で食べることができます。みなさんもぜひ私のピザ屋さんに来てください」

となります。

このように自分の言葉で分析して話せれば、ピザ屋さんになる夢についてはある程度の変化球にも対応できるでしょう。

6歳までに身につけたい「問題解決能力」

「なんで?」の問いかけをし続けることによって得られる思考力のひとつが、**「問題解決能力」**だと思います。

私が学校の先生だったらここは最重要ポイントとします。電車やバスに乗っての通学では安全確保と問題解決能力がマストになります。

・もし通学中に電車が止まったら？
・もし知らない人に声をかけられたら？
・もしバスに忘れ物をしてしまったら？
・もしお友だちが遠回りしようって言ったら？

子どもの周囲はこんなトラブルの連続です。このトラブルを大人と同じように解決することはできなくても、子どもなりにとっさの判断が必要となります。そこで大切になるのが問題解決能力。論理的に、順序よくトラブルの原因を探り、最善の行動をとる。そのためにはたくさんの「なんで？」に答えられる力が必要です。

行動観察の考査でチーム戦を行うときにも、5人で積み木を積むとき、4人で一枚の絵を仕上げるとき、必ずトラブルにぶつかります。機転を利かせて問題提起をし、チームを解決へと導くことで頭ひとつ抜けることができます。これは、その日の思いつきではできません。このような技術を身につけるには、日ごろから考える癖をつけることが必要なのです。

「不幸な合格」よりも「幸せな不合格」

合格のために、親も子どもも、全力を尽くして準備し、試験にも全力で挑むと思います。

しかし、これは受験。悲しいことですが、どんなにがんばっても、どんなに優秀なお子さんでも「不合格」になることはあります。

そして、その結果に納得できる親はいません。あるお教室の先生は「母親には3年間のトラウマが残る」と話していました。

親は自分の子どもを愛しているので一番輝いていると思っています。そのため、自分の子が選ばれなかった、という事実は親に大きなダメージを与えます。

「私たちのなにがダメだったのか……」

ダメだったのではなく、その学校に「合わなかった」というだけなのではないでしょうか。先生は、試験や面接に臨む子どもを見て、「この子は女子校のほうが合うだろう」とか「うちの学校では力を持て余すだろう」と感じれば、よりその学校に合いそうな子どもを選ぶかもしれません。

特に小学校受験は、学力テストだけで合否が決まる受験とは違います。合格にも不合格にも明確な理由はないと思っていたほうがいいと思います。

もちろん、一番いいのは「幸せな合格」です。

ただ、**なかには「不幸な合格」もあります。**一般的によくいわれる難易度や世間的な人気を重視して、子どもの個性に合わない学校を選んでしまうと、子どもにとっては辛い日々となります。

逆に、「幸せな不合格」もあると思います。不合格だったということは、その学校に合わなかったということ。そう考えを切り替えれば、受験の経験は、希望の学校に行けなかったとしても、きっと子どものためになっているはずです。

そして、親が気持ちを切り替えて、どの学校であれ、その入学を喜んで、「よかったね！　素敵な学校の1年生になれるね！」と言ってあげれば、きっとお子さんは充実した学校生活を送れるのではないでしょうか。

不合格になったとしても、子どもも親も悪くはありませんし、責める必要はありません。そして受験の結果でその後の人生が決まるわけでもありません。

実は私は中学校受験に大失敗しています。小学4年生からしっかりと準備をしていたにもかかわらず、絶対合格圏だと判定されていた女子校にまさかの不合格。そのとき、私は大泣きしましたが、母は満面の笑みで私を抱き寄せ「ここまでよくがんばったね」と言ってくれました。この言葉に救われ、私は自分にとってベストな別の道を探すことができました。それがイギリスへの留学でした。このときの母のひと言がなければ、今の私はいなかったことでしょう。

難しいとは思いますが、**どんな結果であれ、その過程をお祝いしてあげてください。**

「ひとつのケーキ」を買うタイミングは、合格発表の後ではなく、試験の前です。ケーキのプレートに書く文字は「よくがんばりました」です。そしてこのメッセージは、子どもだけではなく、ママやパパ、家族みんなに向けられたものです。

これから子どもたちは、どんどんいろいろなものを吸収して、成長していきます。どんな結果になったとしても、親子でがんばった日々には価値があり、無駄にはなりません。よくがんばりました！

CHAPTER.5

第5章

オリジナルワークでお絵かきの世界に飛び込もう！

アート思考を親子で体感しよう！

この本を出版するにあたり、私がどうしても入れたかったのが、Ｓａｙａの作品を紹介するカラーページです。思いが伝わる作品を厳選し、発色にもこだわりました。

お気づきかとは思いますが、表紙をめくるとすぐ目に飛び込んでくるのはケーキの絵。これは、この本のために描いた作品です。

ネオンカラーを思いきって使い、勢いよく仕上げました。私が日々のサプライズで買うケーキはもっともっと小さいのですが、Ｓａｙａにはこんなに大きく見えていたのかもしれないと思うと、なんだかうれしくなりました。

一生懸命に取り組んでも結果が出なかった日、いくら走ってもゴールが見えなかった日、そんな日はこのページを開いてください。きっと、ケーキの上には自分にしか見えない「がんばりました」のプレートが飾られているはずです。

もうひとつこの本に入れたかったのが、みんなで取り組める、オリジナルのワークです。

ワークといっても、漢字ドリルや計算ドリルのようなものではありません。1+1=2というような正解を求めるものではなく、みなさんの想像力を膨らませるものになっています。

コピーをすれば何十回でも取り組めて、大人も子どもも楽しめます。誰もが持っている潜在的なアート思考を使って、どこまで自分の固定観念を壊せるかが勝負です。

大人もぜひ子どもと一緒に手を動かしてみてください。子どもの想像力、頭のやわらかさには勝てないかもしれませんね。

一枚一枚の絵に秘められたストーリー

アクシデントから生まれた花のアート

この本の3ページ目には、まるでスカーフの柄になりそうな鮮やかな花束の絵があります。ある日、花の絵を描く予定は全くなかったのですが、画材の準備中にインクの瓶を倒してしまったことがありました。私が急いでキャッチしたものの、指も爪もドキッとするような濃いピンクに染まってしまい、大急ぎで手を洗いに行きました。

念入りに何度も手を洗い、シミがついた画用紙を片づけようと思ってテーブルに戻ると、Ｓａｙａが無我夢中でそのシミをアートに変えていました。

辞書によると「無我夢中」とは「あることにすっかり心を奪われて、我を忘れてしまうさま」なのだそうです。まさにそのときにぴったりの表現です。

水を垂らし、インクを垂らし、また水を垂らし、違う色のインクを滲ませ、10分後には画用紙全体にインクが広がりました。

次はフェルトペンを手に取り、鼻歌を歌いながらインクのシミを花束に変えていったのです。最後に虫を2匹描き入れ、立派な作品の完成！

インクをこぼしたことを失敗だと思い、片づけようとしてしまった私。そのシミを生かし、想像力を発揮してアートを創り上げた娘。

アクシデントを失敗と認めてしまうか、なにかのきっかけだと捉えるかは自分次第ですね。今日のアクシデントが、来年の花束になるかもしれませんよ。

子どもが描く想像の話は大切な宝物

Ｓａｙａが創造する作品にはすべて名前とストーリーがついていて、必ず絵を描き終えた後に決めています。描いた作品が動物ならば自らが命を吹き込んだ目を見て、雰囲気を感じ取り、背景や性格、その動物の生い立ちから家族構成までいろんなエピソードが次々と出てきます。そこに迷いはなく、まるで本を音読しているような話し方は、聞いている私も鳥肌が立つほど鮮明で、止まることなく続きます。きっと頭の中ではその動物が動き、お話しをしてきて、生き生きと飛び跳ねているのでしょう。

こんなふうに、もし子どもが想像の世界の扉を少し開けて中を見せてくれたときは、私も全集中で耳を傾けます。今しか開かない扉にはとても価値があります。料理も洗濯も食事もすべて後回しにしてでも子どもの話を聞くことをオススメします。

しかし、あまりにも長くお話が続き、忘れてしまうのがもったいないと感じるときは、メモを取ったりスマホで録音したりしています。この時間が私にとってなにより大切で、Ｓａｙａの壮大な世界観を改めてリスペクトする瞬間です。

例えば8ページに載せた羽の生えたウサギの絵。このウサギの名前は「Ｉｖｙ（アイビー）」です。

描き始めは茶色っぽいウサギになるはずが、描き進めている間に鮮やかなパステルカラーになり、羽が生え、羽には花や葉が透けて見えるようになりました。お腹の毛並みはふさふさとしていて、少しいたずらっ子の眼差し。深い森のモスグリーンとパステルのコントラストが美しく、遠近感があります。

このアイビーにももちろんストーリーがあります。それをふとSayaが語り出したのは、夕飯の途中でした。急に席を立ち、リビングのドアの外でアイビーになりきり、ぴょんぴょんしながらなにがあったのかを話し始めました。

もちろん止めません。ここからがショーのスタート！　拍手をしたいくらい楽しみな時間の始まりです。こんなときは、三人称で話すこともあれば、自分自身が主役になりきって話すこともあります。

アイビーは森の奥深くで迷ってしまい、木々を通り抜けて妖精が集まる小さな村に着きました。そこで妖精たちに花や葉っぱ、小枝などで羽を作ってもらい、妖精の粉もかけてもらいました。少しいたずら好きなアイビーは空を飛ぶことが大好きになりました。今でも妖精たちと一緒に暮らしているそうです。

アイビーの羽には先ほどご紹介した、3ページのこぼれたインクから生まれた花束の絵が使われています。インクのシミが画用紙の上を広がり、妖精に出会ったウサギの羽にまでリンクしています。

花をはこぶクジャクの物語

237ページに載せたクジャクの絵にもおもしろいストーリーがあります。
この絵は2020年の春、Sayaが6歳のころに描いたもので、ハロードリーム実行委員会『花と笑顔』こども絵画コンクール」の2部門で入賞しました。Sayaがつけたタイトルは「花をはこぶクジャク」。

この作品は、アメリカに住むおじいちゃんのために描いたものでした。当時、新型コロナウイルス感染症が世の中に広がり始め、飛行機に乗って気軽に海外に行くことができなくなりました。アメリカの感染状況は当時の日本より厳しく、私たちはアメリカにいるおじいちゃん、おばあちゃんのことを日々心配していました。Sayaはその気持ちを絵で表すことにし、おじいちゃんにプレゼントしました。

クジャクなら人間が飛行機に乗るのと違って自由に動けて、大きな羽いっぱいにおじいちゃんが大好きなお花も持てる。きっとこんなクジャクがいれば、遠く離れたアメリカにいる家族ともつながっていられるだろうし、笑顔になってくれると願って描きました。

ところで、このクジャクの羽はなにで描かれているかわかりますか?

クジャクの体や羽の骨組みはクレヨンですが、運んでいる花は水風船で描かれています。まんまるの水風船を何個か作り、3~4色の絵の具をぐりっと回しつけて、スタンプのようにポンポンと押していきます。ひとつとして同じ模様はできないですし、色がどう混ざり合うかもお楽しみ。後ほどのワークシートにもクジャクが登場しますので、みなさんはどんなクジャクにするのか考えてみてくださいね!

画材屋さんはワンダーランド

Ｓａｙａは家にあるものをおもしろく利用して絵を描くこともありますが、やはりお気に入りの画材を見つけることは大切です。作品を描く際に使う画材の多くは、行きつけの画材屋さんのもの。いつも一緒に買いに行きます。Ｓａｙａはこの画材屋さんに行くのが大好きで、一度入ると1時間以上かけて隅から隅まで欲しいものを探しています。手が届かない棚の絵の具を見るときは慣れた様子で脚立に乗って、それでも届かなければさらに背伸び。小さな絵の具の色の名前を一つひとつ確認し、色見本と見比べて、名前と色のマッチングを見てはニコニコしています。海外の画材にはまるで詩の一部を切り取ったかのような、本当に素敵な名前が多くあります。

Ｓａｙａは画材屋さんのおじいさんともすっかり仲良しになり、なんでも教えてもらうようになりました。絵の具や画材の使い方もそうですが、円安で絵の具の値段が高騰していること、他国の戦争で輸送に時間がかかっていること、もうすぐ廃盤になる色や、使っている顔料の違いなど、行くたびに勉強させていただきました。

Ｓａｙａにとってのワンダーランドは六本木にある『ラピスラズリ』という昔ながらの画材屋さん。なんと私も子どものころに行ったことがあります！　残念なことに２０２２年12月に閉店してしまいました。最後に閉店セールで買い物をし、たまったスタンプカードを見ながら店を出て、記念写真を一枚撮りました。Ｓａｙａは涙をこらえていて、私まで悲しくなりました。それくらい『ラピスラズリ』は私たちにとって特別な場所でした。

『ラピスラズリ』の閉店セールで買ったものの中に、青い絵の具があります。２３５ページにも小さく載せているウィンザー&ニュートン社のウィンザーブルーグリーンシェードという名前の、小さいチューブの水彩絵の具です。６００円ほどするので小学生が使うには高価ですが、限りなく存在する青の中でもこれはＳａｙａの一番のお気に入り。今まで描いた作品の半分以上に使われている色だと思います。その他にパーマネントローズ（永遠のバラ）、パラダイスブルー（天国のブルー）など、海外の童話に出てきそうな色も購入しました。

　普段使い用の学童用の絵の具は箱ごと買うことが多く、海外製の絵の具や日本製の特殊な画材は単品で、数個ずつゆっくりとコレクションしています。学童用の絵の具は有名どころだとサクラマットやぺんてるがあります。どちらもお値段以上の素晴らしい発色と使い心地で、申し分ありません。Ｓａｙａいわく、その中でも特にぺんてるの「あいいろ」には深みがあり、どの色と混色しても濁らず、夜空にも深海にも使える色だそうです。


　画材屋さんというワンダーランドには絵の具やクレヨン以外にもさまざまな画材があり、Ｓａｙａはバラ売りの色画用紙のサンプルファイルにも夢中になります。

　私には理由がわかりませんが、色画用紙の色の名前には和風のものが多くあります。例えば「うぐいす」「茄子紺」「墨」「牡丹」「あかね色」「もえぎ」「とき色」などです。画用紙の小さなサンプルと、この和風の名前を照らし合わせ、オーダー用紙に好きな色の名前を書き、それぞれ一枚ずつ購入します。色画用紙に絵を描くことはほとんどありませんが、第1章で紹介した「おうち美術館」のときに、絵よりひと回り大きく切った色画用紙を台紙にし、一緒に額に入れると本格的で、かつ絵がさらに美しく見えます。

ときにはゆっくり画材屋さんに行き、ぜひ色の名前ひとつひとつ、画用紙の名前も見てみてください。日本製のインクの色の名称もすごく素敵ですよ!

脚立を使って大好きな絵の具を探すSaya。画材屋さんにいるときは本当に楽しそう。

お絵かきの始まりです！
自分なりのストーリーを作りましょう！

さあ、ここまでがみなさんにとってのインプットでした。ここからはいよいよアウトプットです。この後、Ｓａｙａが考えた10パターンの「お絵かきワーク」が登場します。右ページにストーリーが書いてあるので、そこから想像を膨らませて、左ページの絵を完成させてください。子どもがいる方はまず子どもにワークシートを手渡すと思いますが、同時に大人が手を動かすことがとても大切です。お互いのアイデアを真似してもよし、大きな紙にコピーしても、紙からはみ出てもＯＫ。自分がどれだけ既成概念に縛られているのか、新しいものを創造することが難しいのか、頭が固いのかがよくわかってしまいますよ。

ここで、アート思考的ヒントを少しだけ差し上げます。

今回のワークにはあえて入れませんでしたが、「見たこともない木」を描くとしたらどう描きますか?「木」の基本的な概念は、茶色い幹が上に伸び、枝があり、同じ種類の葉がつき、同じ種類の実がなること。リンゴの木ならリンゴだけが枝からなり、柿の木なら柿だけ。銀杏の葉とヤシの葉が1本の木から生えることも現実的にはあり得ないわけです。となると、現実的ではない「木」、「見たこともない木」をどこで表現するのかがキーポイントになります。

どうしても思いつかない場合は、まずは葉や実など、木についているアイテムを変化させてみて。例えばすべてキャンディーにする、カラフルな葉っぱにするなどです。これではまだクリエイティビティが足りないと思いませんか? 木からなるものが一種類とは限りません。木の幹や根っこまで工夫できたらさらにおもしろくなるのではないでしょうか。でもここで原点に戻る必要があり、「木」に見えなくなった時点で、このテーマに沿って答えていないことになってしまいます。アート思考はただの爆発ではなく、あくまでも正解のないゴールまでの道筋を淡々と楽しむこと。

では実際に手を動かして、楽しんでみましょう!

Work 1

世界中《せかいじゅう》のみんなをアッと驚《おどろ》かせるような
帽子《ぼうし》を作《つく》ろう！
どこにかぶって行《い》こうか？

Work 2

家《いえ》の窓《まど》を開《あ》けたら、なんだこの鳥《とり》
いや、鳥《とり》じゃないかもしれない
宇《う》宙人《ちゅうじん》……かもしれない
小《ちい》さいモンスターかな？

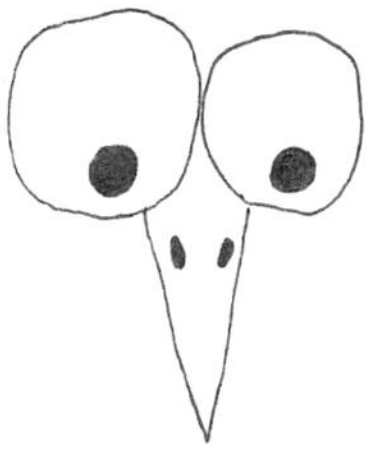

Work 3

洞窟《どうくつ》で見《み》つけた謎《なぞ》のメガネをかけたら
好《す》きな世界《せかい》へひとっ飛《と》び
誰《だれ》がかけている？　どこへ行《い》っちゃった？
エジプトかな？　未来《みらい》かな？　それともオズの国《くに》？

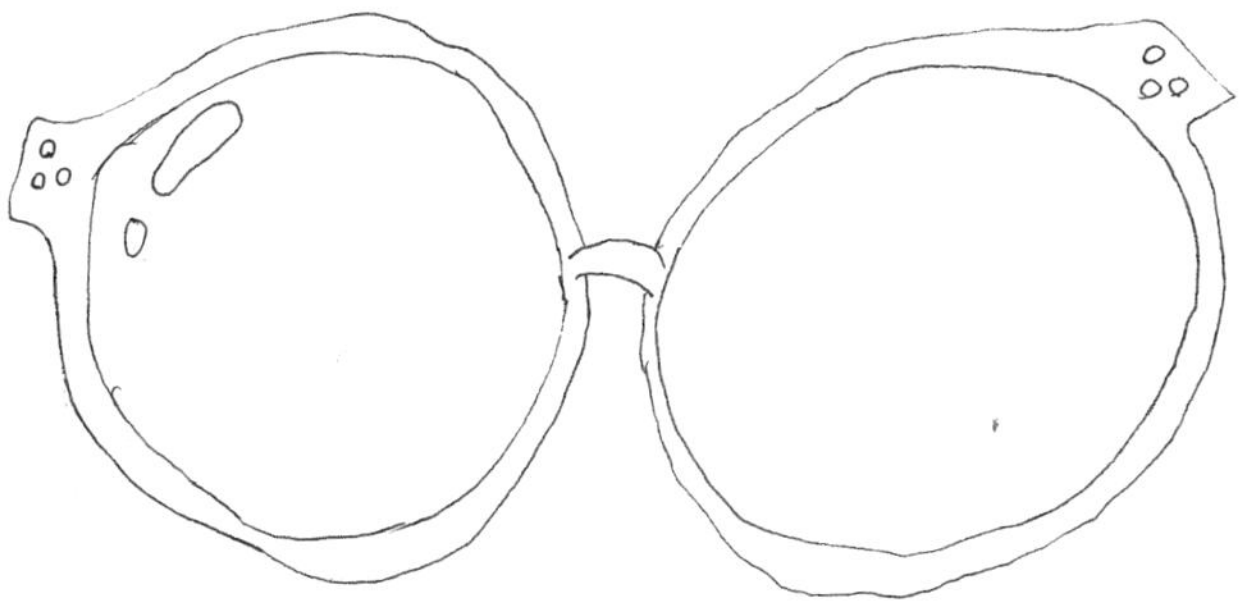

Work 4

見《み》たこともないクジャクの羽《はね》
得意《とくい》なことが羽《はね》になったみたい
大《おお》きく大《おお》きく、広《ひろ》げよう
どんなクジャクなら友《とも》だちになりたいかな？

Work 5

「ひとつのケーキ」でお祝《いわ》いしよう
その下《した》には見《み》えない根《ね》っこ
力強《ちからづよ》く伸《の》びてるね
よくがんばりました

Work 6

じゃぐちをひねったら
笑《わら》いが止《と》まらなくなっちゃった！
まさかこんなものが出《で》てくるなんて
魔《ま》法《ほう》のじゃぐちかもね

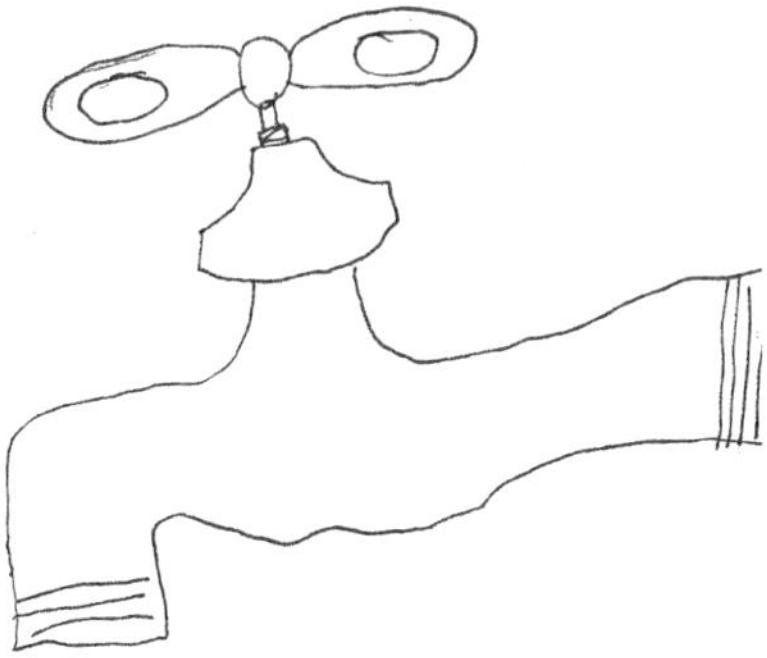

Work 7

アイス屋《や》さんになりました
まだ誰《だれ》も食《た》べたことのないアイスを作《つく》ってみよう
名前《なまえ》はなににする？
食《た》べたらどんな気持《きも》ちになる？

Work 8

新種《しんしゅ》の生物《せいぶつ》の一部《いちぶ》が見《み》つかった！
どんな名前《なまえ》で、どんな性格《せいかく》だろう？
どこに住《す》んでいる？
なにを食《た》べるの？

Work 9

大《おお》きな、大《おお》きな、風船《ふうせん》がたくさん！
誰《だれ》がぶら下《さ》がってる？
どこに行《い》こうとしてる？
着《つ》いたらまずなにをするんだろうね

Work 10

スムージーとトースティーが遊《あそ》ぶ約束《やくそく》をしました
ゆで卵《たまご》が出来上《できあ》がる時刻《じこく》に会《あ》いたかったのに
ふたりとも寄《よ》り道《みち》ばかりで朝《あさ》になっちゃった
どんな寄《よ》り道《みち》をしたんだろう?

おわりに

ここまで読んでくださり、本当にありがとうございました。

この本を書きながら、何度も自分の幼少期を思い出しました。
今の私があるのは両親と姉のおかげです。
父からは自然の中に散らばるたくさんの小さな不思議を楽しむことを教わりました。
姉からはあふれるほどの優しさをもらい、
母からは女性としてどう生きていくかの根本を学びました。

子どものころ、母から繰り返し言われたことはこの3つ。
・海外に出なさい
・食べたことのない料理を食べなさい
・誇れる仕事に就きなさい

これらの教えを私は忠実に守っています。自分で選んだ好きな仕事に就き、海外でたくさんの経験を積み、見たこともないレシピを試すのが大好き。

この3つの教えがなにを示すのかというと、
それはきっと「好奇心を持って、自分の力で視野を広げなさい」ということ。

これだけ聞くと厳しい母のように聞こえるでしょうが、そんなことはありません。

今でも毎年、私の誕生日にはこう言ってくれます。

「いつでもあなたはママの宝物です。生まれてきてくれてありがとう」と。


いつも私の背中を押してくれて、楽しく集まってくれる飲み友だちのみんな、ありがとう。

ちょっと目立っちゃうこんな私をそっと応援してくれる学校のママ友たちありがとう。

世界中にいる愉快な仲間たち、ありがとう。

インスタのフォロワーさん、Bon Voyageのクルーのみなさま、
これからもたくさんお話ししましょうね。

そして私の愛する子どもたち、いつでもあなたたちはママの宝物です。
生まれてきてくれてありがとう。

For R and Saya
大好きなママと春菜へ

With Love, Maya

雪の降る春の日（2020）

First day of school (2022)

Sayaの愛用している画材たち

ウィンザー&ニュートン　ドローイングインク

・フライングタイガー　水彩絵の具（右）
・ウィンザー&ニュートン　コットマンウォーターカラー(左)

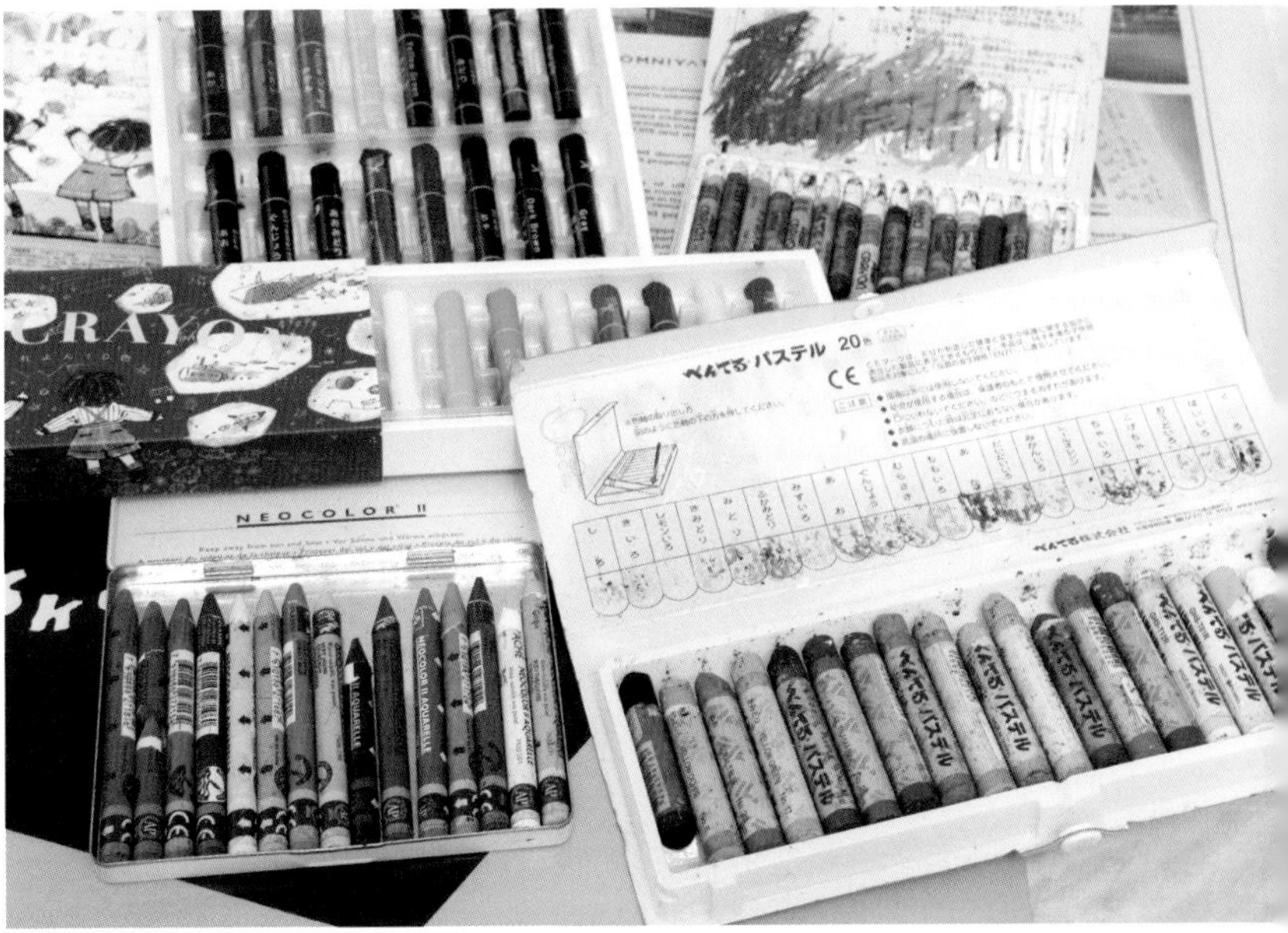

・コクヨ　透明クレヨン（左上）・コクヨ　蛍光くれよん（左中）
・ぺんてる　クレヨン（右上）・ぺんてる　パステル（右下）
・Caran d'Ache Classic Neocolor II Water-Soluble Pastels（左下）

ウィンザー＆
ニュートン　水彩
ウィンザーブルー
グリーンシェード

・マルマン　スケッチパッド（上）
・マルマン　ヴィフアール水彩紙ス
ケッチブック（下）

・ぺんてる 水彩（左）
・サクラクレパス　マット水彩（右）

虹を食べたトラ（2019）

花をはこぶクジャク（2020）

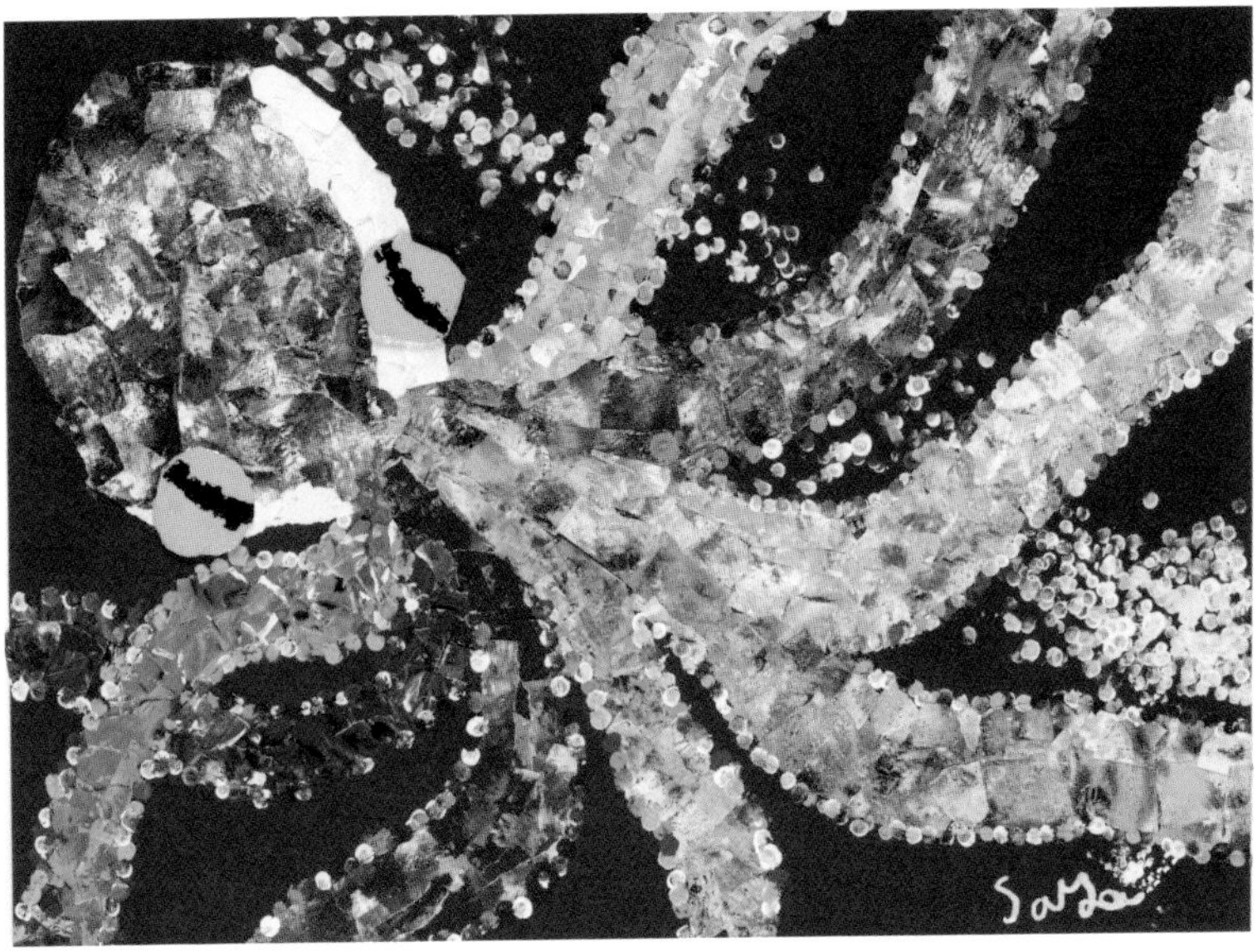

Octavo, THE COLOR OCTOPUS (2020)

チェダー君とお月様(2022)

The imagination is the golden pathway to everywhere, it gives you the wings to fly. Always be curious and do not lose your magic. You are brave enough to be yourself♡

Saya

Instagram @mayamaya411

池澤摩耶（いけざわ・まや）

経営者・投資家・二児の母。 国際的な文学一家に生まれ、14歳でイギリス、15歳からカナダに留学。ブリティッシュコロンビア大学で、数学や計量経済学を学ぶ。外資系投資銀行のトレーダーとしてキャリアを積んだのち、ふたりの子どもを出産。2016年から渡英。娘のSayaちゃんが6歳にして世界的絵画コンクールであるロールス・ロイス社「世界ヤングデザイナーコンペディション」で最優秀賞を受賞。色彩豊かな絵が世界的に話題となる。また、Instagramのフォロワー8.6万人（2023年3月8日現在）と高い人気を誇っている。マーケティング会社経営や講演活動の他、親子で楽しむオンラインコミュニティ「Bon Voyage」を運営する起業家。

イギリスが教《おし》えてくれた
小《ちい》さなサプライズが
子《こ》どもの才能《さいのう》とやる気《き》を引《ひ》き出《だ》す
「ひとつのケーキ」と「アート思考《しこう》」

2023年4月7日　初版発行

著　者　池澤《いけざわ》摩《ま》耶《や》
発行者　山下直久
発　行　株式会社KADOKAWA
〒102-8177
東京都千代田区富士見2-13-3
電　話　0570-002-301(ナビダイヤル)
印刷所　凸版印刷株式会社
製本所　凸版印刷株式会社

●お問い合わせ
https: //www.kadokawa.co. jp/
(「お問い合わせ」へお進みください)
※内容によっては、お答えできない場合があります。
※サポートは日本国内のみとさせていただきます。
※Japanese text only
定価はカバーに表示してあります。

ISBN 978-4-04-606203-1　C0037